日本を棄老国家にするな

―社会福祉法人経営視点からの提言―

著者 塚口 伍喜夫・笹山 周作
明路 咲子・野嶋 納美

大学教育出版

はじめに

タイトルは厳しい表現にした。執筆者たちは、介護福祉事業を経営する社会福祉法人に関わっているか、そうした社会福祉法人を支援するＮＰＯ法人の役員でもある。その立場から介護福祉の現状を見るとき、この現状の延長線上には老人が国や社会から遺棄され、路頭に迷う姿が瞼に浮かぶのである。この想いが杞憂であればそれに越したことはないが、何かにつけて日本の老人は暮らし難い方向に流されているのではないかと思えてならない。これが執筆者たちの共通の想いである。

日本の老人たちは、戦災を経験し、また震災や自然災害の脅威に立ち向かいながら、雑草のようにしぶとく芽を出し復興復旧を成し遂げてきた。

家族を守り、会社を支え、地域を興し、苦難を克服してきた老人たちにどのような安寧を与えるかは、国に課せられた最大のテーマである。

それにしては、国の老人に対する施策に血の通った温かみや思いやりが見えないのは私たちだけであろうか。

この思いが時には過激に、時には奇想天外かと思われる提案を試みることになったが、しかし、それらは実現不可能な夢ではない。

すべての老人が、この国に生きてよかったと心底思えるような国をつくりたいという強い思いが、そうさせたものだと受け止めていただきたい。

令和2年8月

編者　塚口伍喜夫
　　　明路咲子

日本を棄老国家にするな

―社会福祉法人経営視点からの提言―

目次

序章

日本の高齢者をめぐる問題概要

塚口　伍喜夫

筆者は現在、特別養護老人ホーム（以下「特養」という）などを経営する社会福祉法人の理事長をしている。その立場から現在日本の高齢者が置かれている状況、さらには、この先十数年の高齢者問題を見通したとき暗澹たる気持ちにならざるを得ない。こんな気持ちになる理由を最初に提起してみたい。

その第一は、高齢者問題の中で重要なものは介護問題である。今、家庭も地域社会も高齢者の介護問題を抱え込む力はなくなっている。家庭を構成する家族は少数となり、特に高齢者の家族は、高齢者夫婦か単身者が圧倒的に多い。この家族構成で要介護状態になったらだれがどのように介護を担うのか明白である。最も合理的な方法は特養などの介護福祉施設が手近かに利用できれば安心であるが、これらの施設の利用は容易ではない。こうした施設利用者は高齢者人口の３％程度にすぎない。仮に、施設が利用できたとしてもその利用料は高額であり国民年金程度の支給額では賄えない。しかも、特養利用条件は要介護度3以上でなければ利用できない。加えて、特養の利用待機者は増えているのに、介護職員が絶対的に不足していて、そのための倒産やワンフロアは未利用といった特養も出てきている。

一方、こうした介護問題を含む高齢者福祉は地域社会の助け合いでカバーしようとする論理が先行しているが、地域社会の包容力も年々減退してきている。地域の助け合い活動の主力は高齢者が大半である。これで高齢者の介護問題が担えるのかと言いたい。

第二は、高齢者の力の評価についての問題である。それは高い知力（叡智）・豊富な経験、まだまだ元気な労働力・技術力といった高齢者が持つ総合力を評価せず、高齢者は社会の負担物といった宣伝を振りまき、高齢社会は負の遺産といった世論を築き上げてきたのは誰か、それは政府であり無能なマスメディアに他ならない。例えば、「定年制」の問題である。その人の能力のいかんにかかわらず一定年齢がくると容赦なく馘首《かくしゅ》する制度がなぜ延々と続いているのか分からない。この定年制度は、日本郵船が１９０２（明治35）年に「定年55歳」を制定したのがわが国の定年制度のはしりと言われている。当時の日本人の平均寿命は男性42・８歳、女性44・３歳であったことから現在に換算すると55歳定年は90歳に相当する。

この高齢者の働く力を除外して、労働力不足を女性に求め、そのためには幼児の保育が必要だと言い、しかもその保育所も保育士不足で余裕のある保育はできず、結局は、母親を働かせるために幼児をも犠牲にしている現状をどう評価したらよいのか。母親である女性が働くためには、余裕のある働き方、余裕のある保育が前提でなくてはならないと考える。

1　高齢者は「負の遺産」か

高齢社会は負の遺産かのような風潮が世間に渦巻いている。これは、国のさりげない喧伝と、それにまんまと悪乗りしているマスメディアの報道にも原因がある。まず最初に、負の遺産と喧伝される要因を見ることにする。

(1)　高齢化率は年々上昇し続けている

次の表序－1で見てみよう。

高齢社会とは言うまでもなく、高齢者人口が総人口に占める割合が高くなり、平均寿命が延び「人生100年時代」と言われるようになったことである。ちなみに、現在100歳以上の高齢者は7万1274人（2019年住民基本台帳に基づく）となり、このうち女性が占める割合は88・1％である。この100歳以上人口は統計を取り始めた1963（昭和38）年では153人だったのが466倍にまで延びたのである。

この平均寿命が延びた理由は、医療科学（技術）が飛躍的に進歩したことや和食主体の日本人の食生活にあるといわれている。ちなみに、日本人の平均寿命は男性81・25歳、女性87・32歳（厚労省・簡易生命表2018）となった。

この高齢者の人口が絶対数において増え、人口比率に占める割合も高くなった。

表序－1　近年の高齢者人口の推移

平成27年（2015年）	令和2年（2020年）	令和7年（2025年）
65歳以上人口 3,277万人	3,458万人	3,473万人
うち75歳以上人口 1,574万人	1,767万人	2,026万人

出典：厚労省

（2）認知症高齢者の増加

平均寿命が延びた反面、認知症高齢者も増えてきている。２０１２（平成24）年の認知症高齢者は４６２万人（有病率15％：７人に１人が認知症患者）、それが２０２５年になると認知症患者は７３０万人（有病率20％：５人に１人）と推測されている。

認知症高齢者は、どこで生活しているのだろうか。それを見てみたい。

居宅２１０万人（67％）
特別養護老人ホーム32万人（10％）
老人保健施設25万人（８％）
介護療養型医療施設12万人（４％）
その他の施設34万人（11％）

高齢者介護研究会報告書２００２年９月現在
（注）データは18年前のものですが、傾向は現在も同じだと推計されます。

認知症高齢者の７割近くが在宅で生活している。その生活形態は、高齢の妻が高齢の認知症の夫を介助・介護しながらの「老々介護」が典型例である。核家族化の進行で、家族数は減少し、家族が介護を担う力は極端に減少した。そうすると、配偶者のどちらかが要介護状態になり、介護サービスを受けながら何とか生活が維持できればよいが、ヘルパー不足、在宅サービス提供施設の経営難などで在宅者への支援は心細い限りである。

一方、恵まれた地域ではホームヘルパーの支援、訪問看護師の支援などが行き届いているが、多くの地域では介護の大部分を家族の支援に頼っている。

さらに、配偶者を失った独り暮らしの高齢者が認知症になった場合はいっそう悲惨である。独り暮らしの認知症高齢者は介護サービスの網の目に引っかかるのだろうか。こうした高齢者を地域の見守り活動で早期発見し、サービスにつなげる仕組みがどれほどできているのだろうか、深刻な問題である。

(3)　要介護高齢者の増加と支援の現状

厚労省の「介護保険事業状況報告（年報）」平成27年度報告によると、前期高齢者（65～74歳）では、要支援者が24・6万人、要介護者が51万人に対し、後期高齢者になると要支援者が１４７万人、要介護者が３８４・2万人と急激に増える。この要介護高齢者はどこでどのように生活しているのだろうか。

特養利用者は51万８２７３人、老人保健施設利用者は36万８２０１人、介護療養型医療施設利用者は６万２８３５人の合計94万９３０９人である（厚労省推計平成27年10月時点）。

介護保険主要３施設の総利用者数は、先の94万９３０９人であるが、高齢者人口（３３８４万人）比でみると特養利用者は１・５%、後期高齢者人口（１６３７万人）比で見ても特養利用者は３・１%にすぎない。

先に見たように、家庭の介護力は極端に低下している中で、高齢者の介護は社会的支援に頼らざるを得ない。特に、特養はその増設が望まれるが、新たに特養を設置しようとする社会福祉法人は出てこないのではないか。その理由は、介護報酬の減額による経営困難、加えて、介護職の人材不足である。これでは、社会福祉法人経営者のモチベーションは下がるばかりである。

厚労省は、介護保険制度の持続をいかに延ばすかに注力し、その制度が徐々に空洞化している現状を見ていない。介護保険料も年々うなぎ上りに上昇している。高齢者にとってはこの負担だけでも大変である。同時に、介護サービスを受ける際の自己負担の上昇も大きい。例えば、要介護度5の人がそれに相当する自己負担が重く要介護度3ないし4のサービスを希望するケースはざらである。

厚労省の制度設計ほど当てにならないものはない。設計がその場しのぎの杜撰《ずさん》なのか、設計能力がもともとないのかのどちらかである。

介護保険による要介護認定者のうちの22%に当たる高齢者のみが、上記主要3施設を利用しているにすぎない。残りは在宅介護を受けながら生活しているということになる。では、この在宅要介護高齢者への介護サービスはどうなっているのかを概括してみよう（これについては第5章でくわしいが）。

まず、在宅の要介護高齢者の支援策の第一歩は、地域包括支援センターである。このセンターは、介護、医療、保健、福祉などの側面から高齢者を支える「総合相談窓口」の機能を持っている。この設置主体は市町村であるが、その多くは社会福祉法人や社会福祉協議会、民間企業などに委託されて運営されている。人口2〜3万人の日常生活圏域を担当している。

このセンターでは総合相談のほか、権利擁護事業、包括的・継続的なケアマネージメントなどの機能を持っているが、問題は、相談の先がどうなのかということである。具体的には、デイサービス事業、訪問看護事業、地域医療、介護施設などにそれぞれの地域高齢者のニーズを繋ぐことができるのか。デイサービス、訪問看護などは軒並み赤字経営に陥っている。地域医療はどの地域にも行き届いておらず、介護施設は多くの待機者がうごめいているのが現状である。要するに、地域の介護保険サービスは「生かさず殺さず」の状況におかれ、経営者は四苦八苦の苦行を余儀なくされている。厚労省は、介護保険制度を維持継続させることに汲々とし、地域高齢者の介護支援は格好をつけるだけにしているといえる。結局、在宅要介護高齢者の介護はその多くを家族が担うことになる。

そのため、平成27年度で見ると、介護・看護により離職した人は9・3万人で、うち女性は5・7万人と離職者全体の61・3％を占めている（厚労省雇用動向調査平成29年度）。政府は、女性の労働力確保のために幼児の保育所整備に力を入れているが、介護離職者の軽減策は放置されたままである。

（4）地域医療の現状と対応策

在宅要介護高齢者にとって必要不可欠なものの一つは、医療が自宅に届くかどうかである。

日本慢性期医療協会武久洋三会長のメッセージを紹介してみたい。

> 高齢社会を迎えた今、（一部略）大部分の医療は慢性期であり、慢性期医療は最も身近で長く必要とされている医療です。地域での生活を支えるためには医療の質を高めることはもとより、多職種協働によるリハビリテーション、認知症ケアなど幅広い慢性期医療がこれからますます求められています。

と、地域医療の根本的な課題を述べている。在宅要介護高齢者が安心して生活できる環境の一つは地域医療がどの地域でも行き渡ることである。しかし、今は武久会長のメッセージにあるような環境を一日も早く作り上げることではなかろうか。この地域医療が普遍化することで要介護高齢者だけでなく、在宅高齢者の介護予防にもつながるし、疾病の早期発見にもつながるのではなかろうか。

筆者の提言としては、地域医療の初期対応は保健師、看護師が担う体制を構築することではないかと考える。すべての医療行為を医師の独占業務と位置付けている今の医療体制を緩和し、保健師・看護師の業務と責任範囲を拡大する方途を探るべきだと考える。もう一つ加えると、地域医療にオンライン医療を認めるべきである。

2　高齢社会は高齢者の能力を活かす社会

前節では、高齢社会が直面している認知症ケア、介護・医療などどちらかというと負の部分の現状を見てきたが、高齢社会を俯瞰するとき、高齢者の有り余る力を削いでいる現状にもメスを入れてみたい。

(1)　高齢者規定はこれでよいのか

高齢者を規定するとき、国連の統計上の問題もあり概ね65歳以上を高齢者と規定している。そして、65歳から74歳を前期高齢期、75歳以上を後期高齢期としている。この規定は、１９６３（昭和38）年に老人福祉法が施行されて以降まったく変わっていない。国際的な規定としてはそれでよいと思うが、世界に類を見ない速さで超高齢社会に突入した日本で、高齢者施策がこの規定に縛られる必要はまったくないと考える。

筆者は、高齢者規定は上位10％でよいと考える。
１９７０年（昭和45年）の上位10％は、概ね60歳以上
１９８５年（昭和60年）の上位10％は、概ね65歳以上
２０００年（平成12年）の上位10％は、概ね70歳以上
２０１５年（平成27年）の上位10％は、概ね75歳以上となる。２０１５年以降はだいたい75歳以上10％で推移するものと推計する。こう見てくると、１９７０年以降15年刻みで5歳上昇している。

日本の年金制度が5年ごとに見直されていることを考慮すれば、高齢者人口を15年ごとに見直し、上位10％を高齢者と規定し定年をどうしても残すというならその定年もそれに併わせ、年金受給年齢もそれに併わせるといった施策が考えられるのではないか。そうすることで年金受給年齢が上がり、年金を掛ける年齢も引き上げられる。

(2)　老後の人生は自分で選択

筆者は、長年に亘って神戸市シルバーカレッジの講師を務めたが、そこに集ってくる高齢者は皆元気な高齢者であった。現在もそうであろう。その元気の源は、カレッジの教育プログラムにグループ学習がある。グループ学習は、学生の誰かが「お墓の問題を研究しよう」と提案すると、その問題に関心を持つ学生がその提案者のもとに集まり、1年に亘って研究し、その研究成果を学年の最後に発表するというプログラムであった。そうして何グループかがそれぞれのテーマで研究する。各講師はこのプログラムの指導も受け持つことになる。この研究

成果が素晴らしい。最初はパソコンも操れなかった学生が1年のグループ学習の中でパソコン操作もできるようになり、学年末には学習成果を堂々と発表するから驚く。

こうした風景を見ていると、まだまだ社会的にも活躍できる高齢者が社会にはたくさん溢れていることが分かる。

特に、男性学生は、無慈悲な定年制で職場を追い出され、元気なエネルギーを持て余してシルバーカレッジに参加しているのではないかと思わされた。

カレッジ卒業者は、ボランティア活動や地域福祉活動に参加しているケースが多い。それはそれなりに意味のあることであるが、社会政策的にはこうした元気な高齢者を職場に留めおいても十分な戦力になると思える。

そうは言っても、高齢者も70歳を過ぎると心身にガタがきて、そのガタを労わりながら元気に振舞っているのもまた事実である。そのことを考慮すると、高齢者の労働はフルタイムで週40時間でなくてもよいのではないか、週20~30時間で働いても今の人材不足は大いにカバーできると考える。

超高齢社会に突入している日本だけに、こうした政策を早く実現してほしい。ある政治家が、「高齢社会は、高齢者をいかに上手に遊ばせるか」ということだと嘯《うそぶ》いたという話があるが、この言辞は、政治家としての自分の無能さを露呈したものではないか、と言いたい。結局は、老後の人生は、自分の心身の状態を考慮し、年金生活に入るか、まだ働き続けるかを自己決定できるようにしたいものである。

（3）　一次産業は高齢者で支えられている

第一次産業の支え手は高齢者といっても過言ではない。筆者が子どものころは、農業従事は大人から子供まで家族総出で行ったものである。人手が主体の農事は今日ではなくなった。耕作から田植え、収穫まで機械化され、それらの機器が扱われる限り高齢者であっても農事を進めることはできる。

しかしこの農事従事者も寄せる年波には勝てず耕作地が放棄されてきている。こうした耕作放棄地が増えるにつけ、日本の食糧安保はどうなるのか不安が増す。

ここでは、第一次産業問題を論議するのではなく、農業の機械化によって昔は「無理な年齢」と言われた農業生産がかなりの高齢者によって支えられてきている現状を考えてみたい。今後、生産の機械化やＩＴ化が進むにつれ、それらの操作に精通すれば、年齢の壁は破られ若者も高齢者も大差なく生産性を上げることが可能ではないかと推測する。

しかし、機械化やＩＴ化を図るにはかなりの投資が必要となる。農家は、トラクターやコンバインの借金を払うために働いているのが現状であろう。日本の農政はまさに「ＮＯ－政」である。農業・漁業・林業生産は50年、１００年先を見据えた国の根幹政策の一つであるが、日本の政治は足元しか見ておらず、情けない限りである。

ここで言いたいことは、高齢者であっても、機械化やＩＴ化が公的な援助で安価に導入できるならば、まだまだ生産を担えることが可能であるということだ。

ついでに付言すれば、農協の問題である。農協からの近年のメッセージには、「食と農を基軸として、地域に根差した協同組合として、助け合いの精神のもとに、持続可能な農業と豊かで暮らしやすい地域社会を実現したい」としている。

ＪＡ綱領についていえば、ＪＡには、ＪＡの基本的な価値・役割や新たなＪＡ運動の展開方向を探るため、組合員・役職員の共通の理念として「ＪＡ綱領」がある。この綱領にはＪＡが農業と地域社会に根差した組織として、農業はもちろん、食や緑、さらには環境・文化・福祉を通じて地域社会と共に歩む存在であることを宣言している。そして、

１　地域の農業を振興し、我が国の食と緑と水を守ろう。
２　環境・文化・福祉への貢献を通じて、安心して暮らせる豊かな地域社会を築こう。
３　ＪＡへの積極的な参加と連帯によって、協同の成果を実現しよう。
４　自主・自立と民主的運営の基本に立ち、ＪＡを健全に経営し信頼を高めよう。
５　協働の理念を学び実践を通じて、ともに生きがいを追求しよう。

としている。これらの内容を見る限り、日本農業の将来は輝いた素晴らしいものに見える。しかし、今の農協は農協自体の生き残りをかけて、そのために組合員農家には営農指導はせず、高い肥料を買わせ、耕作機械・農機具を斡旋して利ざやを稼ぎ、ＪＡバンクを通して金融支配を強めているにすぎない。組合員農家は、農協という組織の生き残りのために食い物にされているといっても過言ではない。

巷には、ＪＡバンクの宣伝広告ばかりが目立つ今日この頃ではないか。日本の高齢者農民は、こうした厳しい、当てにできない農協を背負って悪戦苦闘しているのではないか、と思えてくる。

（4）自己決定で老後の生き方を選択

今までは、高齢者の能力を社会に生かす視点で問題提起をしてきたが、老後の生き方は、高齢者自身が自己決定することだと思う。

アルフォンス・デーケン（1932年生まれ、哲学者、専門は死生学、上智大学名誉教授）は、人間の人生を、

第1の人生：生まれてから教育を受けて自立するまでの間

第2の人生：社会人として働く時期

第3の人生：第2の人生以降

と規定している。日本の場合は上記の第1と第2の人生をひとまとめにして、第1の人生、老後を第2の人生としているが、デーケンの規定の方がすっきりと頭に入る。

それによって考えてみると、第3の人生は、ボランティアとして生きる役割を担っているのではないかともいえる。

アメリカのある生命保険会社での調査で、「ボランティアは長生きする」というのがあった。ボランティアをしている高齢者の死亡者数100人に対し、それを行っていない高齢者の死亡者数は250人であった、という報告である。もともとボランティア活動は元気な老人が参加しているからともいえる。

ここで言いたいことは、高齢になると、その後の人生は自分で決めるということである。そして、自らの心身の健康状態に応じて、働き続けるか、働くことからリタイアして趣味やボランティアの生活に入るかである。

仕事からリタイアして生活をするには、年金額が低すぎる。国民年金に至っては5～6万円／月では生活保護

水準より下である。

(5) 日本の高齢者は豊かなのか

高齢者であっても、自分の希望で働き続ける道を選ぶか、リタイアして趣味やボランティアの道を選ぶかは高齢者の自己決定であると主張したが、それには年金や貯えで日本人の平均的な経済水準の所得があることを前提としてきた。

では、日本の高齢者の所得水準はどうなのだろうか。

厚労省の国民生活基礎調査(平成29年:2017年)によると、高齢者世帯の平均所得は2016(平成28)年1年間で318・6万円、全世帯の平均は560・2万円であり、高齢者世帯の平均所得はその他の世帯と比較すると56%に留まっている。

さらに、公的年金・恩給で生活している高齢者世帯を見てみると、①公的年金あるいは恩給のみで生活している世帯は55%、②公的年金・恩給が総所得に占める割合が80~100%未満の世帯が13・0%で、①②を合わせると68%となる(平成29年度版「高齢者白書」より)。さらに加えると、(以下、産経新聞記事)株式会社ガネット(全国で介護福祉士受験資格実務者研修などを行っている)が昨年12月にインターネットで50代の男女319人から回答を得たものによると、定年後に働かないことに不安を感じるかと質問したところ「とても感じる」が39・2%、「やや感じる」が41・4%、「あまり感じない」と「全く感じない」は合わせて19・4%に留まった。不安の理由(複数回答)は「老後の生活資金」が91・8%で突出していた。「老後に向けどのくらい貯蓄しているか」に対し、「していない」は24・1%に上った。

こうした高齢者の生活水準を単純に概括すると、高齢者の平均所得は一般世帯の半分強、しかもその所得は公的年金・恩給に頼る高齢者世帯が3分の2強となる。今、政府は全世帯型社会保障の構築を合言葉に、高齢者の年金支給を抑え、加えて医療費負担割合の引き上げ、介護保険料の引き上げと介護サービスの抑制に動いている。

これでは、日本で高齢者になることは「悲しい」と言わざるを得ない。ボーヴォワールの言葉ではないが「高齢者を廃品とみなす」施策は、その政府の文化的水準の低さを表しているのではないかとさえ思えてくる。

ハーヴェイ・ライベンシュタイン（アメリカの経済学者）は、子を持つメリットを3つ挙げている。すなわち、

①親に個人的な喜びを与えてくれる（心理的メリット）

②労働力として所得をもたらしてくれる（経済的メリット）

③老後や病気になったときに世話をしてくれる（介護的メリット）を挙げている。一昔前はそうであったが、

今日ではどうであろうか。

②について見てみよう。かつては、「子から親に」流れていた富が、今日では「親から子に」逆流するようになった。その典型がパラサイトシングル（20～34歳のパラサイトシングルは1035万人）だ。現在日本では子供一人を育てるために2000万円かかるといわれている。この見返りはなく成人してもなお親のすねをかじる子が増えている。子への投資は丸損である。

③についてはどうか「親が寝たきりや認知症になり、しかも介護期間が長期化する中で、その子は介護を支え切れなくなってきた。にもかかわらず、政府は家族介護に未練を残しているのではないか」（山崎史郎『人口減

少と社会保障』より)。

②も③も、こうした問題を背負っているのは今の高齢者である。昔の諺に「終わりよければすべて良し」というのがあるが、現状は「全世代すべて悪し」ではないか。政府は、少子高齢化を食い止めようと必死の対症療法を試みている。その典型例が、保育所の増設や学費の免除や医療費の軽減などである。子どもの出生は80万人台に減少した。日本では「子どもが産めない」病を治すためにこんな対症療法を試みているが、若者はいまの高齢者の生活不安を見て、この国で子供を産んでも幸せになれないことを肌で感じていると思える。老後が安心ならば、自分たちで産んだ子は必死になって育てるだろう。老後を安心なものにすることで子どもは多く生まれ、親はその子を必死になって育てるだろう。

参考文献

これからの地域福祉の在り方に関する研究会報告『地域における「新たな支えあい」を求めて』／2008・6／全国社会福祉協議会

三浦展『データでわかる2030年の日本』／2013・5／洋泉社

梅原紀子編『福祉を創る：21世紀の福祉展望』／1995／有斐閣

塚口伍喜夫・小坂善治郎他編著『社会福祉法人の今日的使命』／2014／リベルタス・クレオ

山崎史郎『人口減少と社会保障』／2017・9／中公新書

第1章 高齢社会の支え手は誰か、自分か市町村か

塚口　伍喜夫

「高齢者はいかに生きるか」、超高齢社会の一員に加わろうとするとき、このテーマは最大の課題である。多くの作家や著名人がこのテーマについて著作に著したり、発言していることに接する。そのどれにも、なるほどとうなずきながら、そのどれにも十分に納得することはできない。なぜか、それは高齢期の生き方は百人百様だからである。また、高齢期に生きるであろう環境にも人それぞれに異なってくる。

高齢期は、その人なりに自由に人生を楽しむことができる環境、それは、所得保障、医療保障、住宅保障、良好な地域社会などに集約されるのではないか、と考える。

しかし、そのどれもが整った高齢者はほとんどいない。以下でそれを見てみよう。

1　なぜ働く権利を奪うのか

序章で見てきたように、資本主義社会では「定年」制が存在する。そもそも、定年という概念・制度は法律上存在しない。

日本国憲法第27条には勤労の権利および義務を謳っている。曰く「すべて国民は、勤労の権利を有し、義務を負う」と。そして、ある一定年齢に達した時は、勤労の権利を失う、とはどこにも規定されていない。

そもそも、日本においては、定年制の導入は序章で述べたように、１９０２（明治35）年に日本郵船が55歳と定めたのが最初であるといわれている。当時の日本人の平均寿命は男性42・８歳、女性44・３歳であった。現在に置き換えると定年90歳に相当する。

定年制との関係で、生産人口と非生産人口の問題についてふれてみたい。そもそも生産人口とは15歳から64歳までの人口を指す。日本の生産人口は７９０１万人（２０１３年国勢調査）である。この生産人口の定義は、労働可能年齢人口と読み替えることができる。

しかし、今の日本人が18歳以下で働いている人口はどのくらいか、ということを見る必要があろう。18歳以下とは、具体的には中卒者（１・８％）を指すといってよいだろう。この問題を進学率で見てみると、高校進学率98・２％で１１１５万６千人、大学等進学率72・９％で８１１万３千人である。

この進学率から推論すると、日本の生産人口の実態は、おおよそ20歳以上ということになり、その人口は

6700万人程度ではないか。さらに、65歳から74歳人口（前期高齢者）の21・3％が就労（労働政策研究・研修機構データブック）している実態をカウントしていない。

ということは、日本の生産人口は、20歳から74歳の間での就労実数を累計したものをベースに見なければならないのではないかと考える。

実態と合わない数値をベースに社会政策を立案しても、それはいっそう実態から遊離していくことになろう。なぜ、この生産人口の問題を取り上げたかというと、実態に合わない生産人口が、これまた、実態に合わない非生産人口を支えている構図で施策が考えられているからである。高齢者が非生産人口に組み入れられ、社会のお荷物であるという構図は虚構であり、もう通用しなくなっている。

超高齢社会とは、働く意欲があり能力と実力を備えた高齢者に就労を保障し、経済的な豊かさを実現することではなかろうか。

現在の企業の高齢者対応は、定年年齢を据え置いたままで、再雇用という道を敷いている。再雇用は、いったんその企業を退職し、高齢の新人として再びその企業に雇用されるという道である。

『産経新聞』が、令和2年に入ってから「どうする福祉：縮む日本の処方箋」という特集を組んでいてなかなか興味深い。2月16日の特集では「いつまで働くのか」苦悩する高齢者を取り上げている。

ここでは、再雇用された会社員の苦悩を浮き彫りにしている。記事の一部、再雇用されたAさんは、「長年雇ってくれた会社に恩義を感じている」と話す一方で「同じ仕事で給料が半分ではモチベーションが上がらない。生活のために仕方なく続けているだけだ」とこぼすとある。

企業の本音は、高齢者を再雇用することに積極的ではない。政府の働き方改革の一環として再雇用しているにすぎない。

筆者の言う定年制廃止と再雇用の道とはまったくちがう。定年制廃止の道は、基本的に労働条件を変えない道である。部長であるならば部長職を延長する、課長であるならば課長職を延長する道である。ただし、給与体系は企業全体の中で位置づけられたものを適用するのである。

再雇用の道は、企業側からいえば、仕方なく（再び）雇用するのであるから、再雇用された社員のモチベーションなどどうでもよいとする雇用の道である。『産経新聞』も高齢者が働く道は「再雇用の道」を前提にしている。これではまったく面白くない。

2　高齢者が「晴耕雨読」の生活をするには

前節では、定年制の非合理性を見てきたが、本当は、高齢者になれば晴耕雨読の生き方に共感する人も多いはずである。しかし、この道は、その前提として最低限の経済自立がなければならない。

日本の高齢者の経済的自立度をどう図るかは大変難しいことではあるが、ごく単純な尺度があるのではないかとも考える。

その一つは、老後の生活の最大の頼りは年金である。例えば、厚生年金の平均的な受給月額は14万5638円、国民年金の平均受給月額は5万5373円である。そこで、東京23区単身者の生保受給月額は13万2930

円と試算される。厚生年金平均受給額の91・3％。ということは、厚生年金受給者は生活保護受給者と大差ない生活水準に置かれているということである。生活保護受給者は、国民年金受給者の2・4倍を受け取っていることになる。いったいこれは何ですか、と言いたい。

半面、高齢者の預金額を見てみたい。総務省の家計調査報告によると60歳以上の高齢者世帯（世帯人数は2人以上）の預貯金額は平均1780万円である。一方、先に見たように4人に一人は貯蓄ゼロといわれている。いったいこれは何を意味するのか考えてみたい。富が有るものと無いものとの二極分化である。

国交労連の雑誌『KOKKO』の編集者井上伸氏のブログによると、麻生財務大臣は「若い世代の暮らしは厳しいのに、高齢者が貯蓄を独り占めしていい暮らしをしている。これが日本を駄目にしている」と公言しているが、それは事実ではないと反論している。

金融広報中央委員会「家計の金融行動に関する世論調査（2015年）」によると、60歳代と70歳以上の高齢世帯の貯蓄ゼロの割合は、28・6％と30歳台より高くなっている。また、同調査の単身高齢者で見ると、34・9％が貯蓄ゼロである。さらに、2019年のエントリーでの紹介では、高齢者世帯の家計収支は平均で月5万9000円も不足していると指摘している。

これでは、なかなか「晴耕雨読」とはいかないのが日本の高齢者ということができる。

3　経済的に追い詰められる高齢者

先に見たように、日本の高齢者の大半は決して経済的に豊かではなく、貧困線上にあることが分かった。貧困線上とは、生活保護基準ギリギリの線上と表現できる。この線上の生活を維持するためにも、もう少し余裕を得るためにも働かなくてはならないということになる。

そのためにも、定年制は邪魔な壁になっている。この壁を雇用者が維持するのは、高齢者がこの壁を超えて働く場合は、「再雇用」の名目で賃金を下げる、福利厚生の適用を削る、働くモチベーションを奪うといった低処遇が可能なのであり、現にそのように扱われていることからも分かる。これでは、日本の高齢者は踏んだり蹴ったりである。

(1)　定年廃止企業は増えつつある

厚労省の「高年齢者の雇用状況」調査（2017年6月時点）によると、従業員31人以上の会社（15万6113社）のうち、定年制度を廃止した企業が2・6％となっている。これは、10年前の2007（平成19）年の1・9％から見るとわずかに増えていることが分かる。

しかし遅い。日本が高齢社会に入って何年経つのかを考えると「亀の歩み」よりも遅い。この最大の原因は、何よりも国会議員の馬鹿さ加減による。1階が大火事になっているのに2階でドンチャン騒ぎをしているのが国会議員ではないかと思ってしまう。大局が俯瞰できず目先の自己利益や政局だけに血眼になっているような議員に日本の今日や将来が託せるのか、はなはだ心許ない限りである。国民の何パーセントが国会議員を信頼し、信用しているのか世論調査で聞いてみたい。国権の最高機関をつかさどる国会議員は、少なくとも国民の過半数から信頼を寄せられる存在であってほしいと願うばかりである。

(2)　マスメディアは堕落しているのではないか

ぼやきついでにもう一つ。それは、日本のマスメディアの報道姿勢である。マスメディアの報道が日本の世論の形成に大きく影響していることは誰もが知っている。

筆者はかつて兵庫県社会福祉協議会で働いていたことがあり、時々、主要な事業等の報道を依頼するために県政記者室に伺ったことがあった。その時の記者の態度たるやひどいものであった。記者仲間と将棋を指しながらの応対である。「その紙は、そこに置いといて」「記事になるように書いてあるか」といった具合であった。

ある新聞社の記者が、地方選挙のさなかに筆者を訪ねてきた。「あなたは、社会福祉協議会を選挙目的で利用している」と言って差し出したペーパーは、政治連盟で届けている事務所を社会福祉協議会の事務所の所在地とすり替えたペーパーであった。こんなことを平気でした上に報道した。これでは、公的団体を私物化したと思われても仕方がない内容であった。有力新聞社の記者が小さなことではあるが事実を捏造するやり方は許せない。これは謂れのない「筆による」暴力であるといえる。

ここで言いたいのは、マスメディアが自らの手で調査をし、それを探求し、報道に結び付けるといった努力がほとんど見られないことである。犯罪報道でも、そのすべては「当局発表」の枠から出ない。中立厳正であるべきマスメディアが当局の宣伝機関に成り下がっているということではないのかと言いたい。

企業や行政に不都合があると、並み居る報道記者に向かってその不祥事を起こしたところの幹部が禿頭を下げ謝罪しているシーンをテレビなどで絶えず目にする。頭を下げられた報道記者たちは、つい、「お偉い人」になったと勘違いして鼻を高くしていると思えてならない。この鼻高姿勢が報道の核心を見誤り先の展望さえも曇らせてしまっていることに気付いてほしいものだ。

最近の高齢者に関する報道で、最も気に食わない報道の一つが、高齢者の運転免許返上のそれである。なるほど、高齢社会になると高齢者のドライバーが増え、交通事故も比例して増えていく。だから、運転免許を返上させれば「一件落着」になるのか問いたい。

高齢者の運転免許は自立の証でもある。公共交通機関は減退させられ、病院通いや日常必需品の買い出しもままならない現状を、高齢者は必死になって運転免許にしがみついているのである。マスメディアならば、この現状を打開する方向を指し示す報道をすべきである。将棋を打ちながら応対するような記者に期待するのは「かなわぬ恋」に等しいということか。

（３）在宅自立はますます困難になっている

在宅で高齢期を迎えた場合、健康なうちは良いが、要介護状態になったときにどうするかは深刻な課題である。要介護状態の高齢者や認知症になった高齢者をどのように処遇するかは、市町村や地域の最大の問題と言ってよいだろう（第５章で詳細に論述している）。

今、地域では住民同士の共助や互助の仕組みでそうした高齢者を守っていこうとする方向が強まっている。これらの仕組みの主体は地域住民のボランタリーな活動に依拠している。筆者が居住している人口12万人弱の都市においても同じである。これらの住民組織は必死になって要介護高齢者や認知症のしかも一人暮らしの高齢者を守るための活動を展開している。活動の担い手はだんだんと高齢になりつつあり、まさに「老老支援」そのものである。

こうした潮流が生まれた背景には、日本の地域福祉の方向付けがある。極論すれば、地域福祉は、地域における「新たな支えあい」と位置付けられている（以下は、「これからの地域福祉の在り方に関する研究会報告」から）。厚労省社会援護局長中村秀一（２００７年代）は、地域福祉の在り方について、一つには、地域の少数者の問題、地域特有の問題などに「役所」は横断的に対処すること。二つには、公的な福祉サービスだけでは「生活課題」と言われる住民の様々なニーズに対応できない。自助・公助・共助の中でも共助で如何に対応するかを考える時だ、と主張している。また、今田高俊（東京工大教授）はこれからの新しい福祉の在り方を考えるとき、それは「支えあい」だと主張している。

このように、新しい地域福祉は、**住民の支えあいシステム**を地域の中で如何に作り上げていくか、に主眼が置かれるようになったことである。

- 地域福祉
  - 在宅福祉サービス
    - 予防的福祉サービス
      要援護にならないための諸活動、地域住民全体或いは特定の階層の集団等に対して行う
    - 専門的ケアサービス
      要援護者のニーズのうち、従来社会福祉施設、医療機関の一部で行われてきた専門的サービスを地域で再編成したもので、特質はあくまで専門的サービスを中軸とする。
    - 在宅ケアサービス
      家族内で充足されてきた日常生活の介助、保護、養育等のニーズが家族機能の変化により社会化されたものを、施設で対応するのではなく地域で在宅のまま再編するもの。専門的サービスに合わせて非専門的サービスとしてボランティア、地域住民の参加を求める。
    - 福祉増進サービス
      要援護者に限らず一般住民を含めて福祉の増進を図る。老人の社会参加、生きがい対策等
  - 環境改善サービス
    要援護者の生活、活動を阻害している物的条件の改善整備を図る。要援護者の社会参加を促進するために必要な制度的条件の改善整備。
  - 組織活動
    - 地域組織化
      住民の福祉への参加・協力、意識・態度の変容を図り、福祉コミュニティづくりを進める。
    - 福祉組織化
      サービスの組織化・調整、サービスの供給体制の整備、効果的運営。

図 1-1　地域福祉構成図

出典：永田幹夫『改訂地域福祉論』

筆者は、地域福祉のこの方向を全面的に否定するものではないが、地域福祉を共助、住民同士の助け合い、住民互助といった方向に強く導くあまり、国や地方自治体の少数者に対する支援、保護の役割を免じてしまったことである。国は、福祉の責任をだんだんと市町村に「移管」させてきたが、市町村の住民に対する福祉理念は決して高いとは言えず、加えて、市町村財政は窮迫の枠から脱していない。

これは何を意味するのか、地域福祉は地域に埋もれているマイノリティの深刻な状況に手を差しのべる方向を強調しながら、その方向はつまるところ、市町村の支援、保護義務を免ずることに手を貸しているにすぎない。先に見たように共助を強調するあまり、「老老支援」やボランティアによる支援といった、強固とは言えない支援システムに委ねることになり、地域のマイノリティの深刻な生活困難や自立困難への支援をいっそう不確かな状況に置こうとしていることになるのではないか。

永田幹夫の地域福祉構成図を引用しながら、筆者なりの解釈を試みたい。まず第一に、**組織活動**はコミュニティオーガニゼーション論からみると、**「在宅福祉サービス」**や**「環境改善サービス」**と並列的に位置づけるものではなく、在宅福祉サービスや環境改善サービス全体に覆いかぶさるものである。この組織化活動こそがコミュニティオーガニゼーション論の真骨頂なのである。これを並列的に位置づけるとすると、在宅福祉サービスが専門的ケアサービスでいう地域医療、地域保健活動などの、本来行政が整えなくてはならないコアの政策部分を回避・軽視し、在宅ケアサービスの非専門的サービスをもって、対応しようとする方向を受け入れることになるのではないかと思えてならない。地域福祉は、住民の主体的な活動を基盤とするが、この主体的な活動の中身は、**行政の責任**で福祉・保健・医療・さらに文化、環境の総合的な施策が進められるよう促す活動でなければならないし、その総合的な施策の整備（コア部分）にプラスしてボランタリーな住民活動が活かされると考える。

今、市町村は財政難を口実に、地域住民が「住み慣れた地域で安心して暮らせる」（常套句）まちづくりを、住民の自助、共助の仕組みに委ねようと美辞麗句を並べて広報している。地域住民が地域でできるだけ自立していきていくためには、地域医療の充実、地域保健活動の充実、社会福祉施設の充実といったコア体制の総合化が整備され、その上に地域住民のボランタリーな諸活動が付加されてこそ、福祉的共同社会が実現するのではないか。住民の自助を前提に住民どうしの共助活動をいくら美化しても、コア体制がおざなりなままでは、安心して暮らせる地域にはならないことは誰もが分かっていることである。

地域で高齢者や障害者が自立して生活していくためには、行政として手を抜くことができない課題がたくさんある。それは、地域医療の普遍化である。今日、日本で地域医療がどれだけ普及しているかを見てみると、その一つの指標に、往診を受けた外来患者数の年次推移がある。全医療施設で見ると、１９６０（昭和35）年は、14万９７００人であった患者数が、２００５（平成17）年には2万４５００人と減少している（厚労省大臣官房統計情報部「患者調査」より）。在宅医療は広がるどころか極端に狭まってきているではないか。さらに、往診を実施している一般診療所数を見ると、１９８７（昭和62）年3万65か所が、２００５（平成17）年では2万６６２６か所と減少している（厚労省大臣官房統計情報部「医療施設調査・病院報告」より）。この原因は過疎化の進行、医療報酬の改定などがあろうが、地域医療体制が進展しているとはとうてい思えない。さらに、訪問看護ステーション数の年次推移を見てみると１９９５（平成7）年の８２２施設から２０００（平成12）年には４７３０施設に急増し、地域医療の一方の担い手として浮上してきた。２００５（平成17）年では５３１０施設と２０００（平成12）年に比べ微増している（厚労省大臣官房統計情報部）。加えて付言すれば、日本では総合医（家庭医）の養成が少ないことも在宅医療を普及させない障害となっている。
このように、日本の在宅医療は先が明るいとは言えない。そこで、伊澤知法氏（研究者）の提言を紹介したい。「①今後の地域医療は看護師を核に訪問介護、訪問リハビリ、薬剤業務を組み立てる。そのため、医師の独占業務を緩和し、看護師の自立化を図る。②そして徐々に医師レベルの在宅診療科を強めていく」というものである。

伊澤知法氏の提言に付言すると、オンライン診療がある。この診療方法は過疎地域、無医地区と言われる医療サービスが住民に届くことが困難な地域を中心に普及すればよいと思われるが、日本の医療システムには組み込まれていない。このオンライン診療は、看護師や保健師が中心となって在宅の要介護高齢者に適用する道を拓くことが望ましい。

地域福祉研究者が、こうした地域福祉・在宅介護のコアになる施策の構築の必要性に触れず、住民のボランタリーな相互支援、助け合いの諸活動ばかりを強調する意図は何なのか、改めて問うてみたい。

(4)　市町村が市町村民の福祉を担うには

市町村を含む地方財政は窮乏の中にある。これを脱する方向はあるのか、筆者なりの試案を提示してみたい。特に、市町村が市町村民の生活や福祉に責任を持てないで、何のための市町村かと問いたい。先に見たように、農協は、農協という組織のサバイバルのため組合員を食い物にしているのではないかと疑問を呈したが、同じことが市町村にも言えるのではないか。

市町村のお金を、市町村民の福祉に向ける余裕はなく、市町村そのものをどう維持するかに汲々としている状況下で、どんな行財政改革が行われたのか問いたい。この改革は、市町村民福祉を担う最小限のお金を捻出するための改革である。

①　市町村議員の報酬をゼロにする

市町村議員に対する議員報酬は、どのように決められているのか、筆者はよく知らない。参院常任委員会調査室によると、全国927町村、議員総数1万9956人、議員報酬では月額、市40・7万円、特別市61・2万円、府県81・3万円となっている。加えて政務活動費であるが、町村議会の8割が交付していない。

これら、議員報酬と政務活動費を全廃することが一つ。筆者はスウェーデンのリンショーピン市（人口4万人くらい）に滞在したことがあるが、市議会は午後7時頃から始まる。議員報酬はゼロであった。日本も見習ったらどうか。

②　ルーティン業務はＡＩの導入でカバーする

今日、ＡＩの導入はあらゆる分野に及んでいるが、市町村業務もルーティン業務はＡＩの活用で大きな経費節減となる。

③　もう一回り市町村の合併を

全国の市町村数を300～400程度にし、強固な自治行政を行うことを保障するようにすべきだと考える。仮に、市町村数が300～400程度になれば中央官庁と直結でき、行政の効率化は一段と進む。そうなると、道府県は不要となる。東京都は国直轄とし、ワシントンＤＣと同じ位置づけである。

地方自治法第1条の2の第1項では「地方公共団体は、住民の福祉の増進を図ることを基本として、地域における行政を自主的かつ総合的に実施する役割を広く担うものとする」と規定している。

まず、この条項はいかにも地方の自治がベースであるかのように見えるが、実際は地方行政の裁量権はほとんどないに等しい。都道府県については、その行政事務の大半が国からの委託事務ないしは補助事務ではないのか、と推測する。こうなると、地方行政は国の行政事務の出先機関的色彩が強く、地方住民の実情を踏まえた自治行政はほとんど行われていないとみることができよう。

同条、第2号では、「国は前項の規定の趣旨を達成するため、国においては国際社会における国家としての存立にかかわる事務、全国的に統一して定めることが望ましい国民の諸活動もしくは地方自治に関する基本的な準則に関する事務又は全国的な規模で若しくは全国的な視点に立って行わなければならない施策及び事業の実施その他の国が本来果たすべき役割を重点的に担い、住民に身近な行政はできる限り地方公共団体に委ねることを基本として、地方公共団体との間で適切に役割を分担するとともに、地方公共団体に関する制度の策定及び施策の実施に当たって、地方公共団体の自主性及び自立性が十分に発揮されるようにしなければならない」とし、国の役割を明確にする一方、地方自治が発揮されるよう「支援」するかのような文面になっている。

果たしてそうか、兵庫県の２０１９年度予算のうち一般会計予算は１兆９３５４億円。歳入分野は、県税８２９５億円（43％）、地方交付税３８３１億円（20％）、国庫支出金１７８６億円（９％）、県債１２３８億円、その他４２０４億円となっている。県予算の3分の1弱が国のひも付き予算である。さらに県債（６・４％）は総務省の認可を必要とするし、県税（43％）についても、県債償還費２７４１億円を差し引くと県税の実際収入は５５５４億円となり県の自主財源率はさらに低下する。

加えて、地方自治行政を阻害する要因として、道府県知事、政令指定都市市長のうち何割かは旧自治省（現総務省）の出世コースから外れた、その出身者である。これは何を意味するか。一言でいえば、国のひも付き代官である。代官が国の意向を振り切って住民の側に立てるかははなはだ疑問である。

こう見てくると、中二階の機関である道府県は国の強い支配の中での「地方事務」を担う組織なのではないか。素人判断ながら、今の行政機構を俯瞰すると道府県の存在そのものに疑問を感じる。

④ 国の行政改革も絶対に必要

国の役割は、国防、外交、国民福祉をいかに確かなものにするかにつきる。それらを支えるのが財務である。特に、国防は国の最大の要諦である。これが弱いために、日本の国土の安寧は絶えず脅かされている。北方四島然り、竹島然り、尖閣列島然りである。

外交、日本に本当の外交があるのか疑問である。外交は、相手国との駆け引きである。東大出の柔い外交官では、海千山千の相手国外交官との交渉に勝てるとは思わない。外交官任用の在り方を検討してほしい。

問題は社会保障である。社会保障の根本理念は所得の再配分である。ケインズのこの理念は、新自由主義の理念に浸食され、崩れてしまった。日本人が本当に困ったとき、どこも当てにできない。筆者の知人の息子がオートバイ事故で全身不随となり、人工呼吸器をつけて病院生活を送っている。本当は、今いる関東から娘のいる関西に移動したいのだが、人工呼吸器をつけたままではその移動もままならない。人工呼吸器をつけた患者を受け入れる病院も見つからない現状である。この間、成年後見人となった弁護士には、毎月何万円かの費用を払い、相談するたびに支払額は増え、息子が貯めた預金も底をつき、その母親が孫娘の生活を見ながら、なけなしの預金を取り崩し息子の面倒を見ている。この全身不随の息子は、医療や弁護士によってたかってお金を毟《むし》られながら、最後はどうなるのか。生活保護を申請してもすんなりとは受理されないだろう。ああ、社会保障「充実国」日本、とはこんなものか。

社会保障の組立は、社会保険給付を「主」とし、**生活保護制度による給付を「従」**とした組立てになっている。問題の一つは、社会保険給付が極めて貧弱であること。厚生年金の受給者数は１５８９万９７２２人で、平均月額受給額は14万４９０３円（平成29年度）である。また、国民年金について見ると、平均月額は5万５０００円で、これでは最低限度の生活すら維持できない。これが社会保障制度の主柱である。

その二つは、上記の年金受給額がこの先徐々に減額されるのではないかという危惧である。年金受給年齢が引き上げられることと合わせての減額予想である。

さて、ここで年金がどのように運用されているかを見てみたい。年金運用は日本年金機構が行っている。年金機構の運営予算は３２４６億４１００万円（２０１５年度予算）、職員数は正規・非規合わせて約2万２０００人（設立時の２０１０年）。

問題は、日本年金機構は特殊法人であることから、国家公務員の天下り規制から外れ、旧社会保険庁の職員が天下っている。旧社会保険庁は、年金財政の管理も杜撰で国民的批判を浴びたが、今日になると、国民の負託にもこたえられなかった社会保険庁の職員が日本年金機構の業務を任されて、その任を果たすことができるのかはなはだ疑問である。

旧社会保険庁の杜撰な管理によって約５０００万件の年金記録が宙に浮き、この問題で第一次安倍内閣は崩壊した。今日に至るも約２０００万件の年金記録が消されたままである。さらに、鳴り物入りで全国に展開した年金保養施設は、そのほとんどの施設が経営難に陥り、信じられない安値で民間のリゾート業者に払い下げられた。これらのお金は国民の掛け金である。これらの責任は誰もとっていない。この社会保険庁の職員が日本年金機構に天下っている、この年金機構を誰が信用するのか。これら一連の事件は明らかに国家犯罪といっても過言ではない。

そこで、素人の提案だが、２万数千人の職員をＡＩに委ねる方向に舵を切ってはどうかと考える。そうすると１００分の１の職員で年金財政が管理できると推測する。運営予算は１００分の１に減額可能である。

行財政改革とは、こうした思い切りが求められる。こうしたところにまったくメスを入れないのでは国民福祉に充てる財源を捻出することは難しいだろう。

参考文献

竹中星郎著『高齢者の孤独と豊かさ』／２０００．４／日本放送出版協会

小熊英二著『日本社会の仕組み』２０１９．７／講談社

塚口伍喜夫監修・笹山周作編著他『福祉施設経営革新』／２０１４．６／大学教育出版

井岡勉編著他『地域福祉概説』／２００４．９／明石書店

日本経済新聞社編『ＡＩ２０４５　神か悪魔か』／２０１８．６／日本経済新聞出版

江間有沙著『ＡＩ社会の歩き方』／２０１９．２／株式会社化学同人

第2章

自立が難しくなったらどこで暮らすか

野嶋　納美

1　自立困難者はどこが生活の場所か

(1) データから見た高齢者の生活実態

人は誰しもが永年住み慣れた場所で家族と共に生活したいと願っている。これが人としての普通の気持ちであり、ニーズであり大方の人が、その普通の生活を願ってたゆまない努力を続けている。

しかし、少子高齢社会が急速に進展するわが国で人として当たり前の生活が保障されているのであろうか。現在の人口動態等から生活状況、生活に必要な所得、介護状況などを見てみたい。

２０１６（平成28）年の国勢調査によれば65歳以上の人口は３３４６万５４４４人で総人口に占める割合は26・６％で４人に１人が高齢者になっているが高齢者人口はさらに増加し、16年後の２０３５年には３７８２万人と４３６万人の増加、総人口に占める割合は32・８％と見込まれている。人口は減少しているのに世帯数は、

２０１７（平成29）年の５０４２万世帯が２０１９（平成31）年の世帯総数は５３０７万世帯と２６５世帯増加し、65歳以上の高齢者のいる世帯は47・2％と過半数に迫っている。

また、高齢者世帯（65歳以上の者のみで構成するかまたはこれに18歳未満の未婚の者の加わった世帯）の平均所得（２０１６年の1年間の所得）は３１８・６万円で、その約半数が公的年金、恩給で賄っている。さらに75歳以上の高齢者の32・1％が要支援、要介護の判定を受けている（平成28年度厚生労働省「介護保険事業状況」から）。65歳以上の高齢者のいる世帯人員は、２０１０年（平成22年）の２・４人から２０３５年には２・２人と一人暮らし老人の増加が見込まれ、加えて75歳以上になると要介護判定を受ける高齢者が増加することから自立困難者の増加が予想される。

⑵ 高齢者の在宅生活の現状と課題

夫婦と子供2人という標準的世帯であった家族形態が、産業の工業化や人口の都市集中などの変化に伴って一人暮らしが増加し、２０１５（平成27）年の国勢調査では一人暮らし世帯が標準的な世帯（夫婦と子供世帯）の26・9％を抜き34・6％となり、一人暮らし世帯が本格化した。全世帯に占める65歳以上の世帯主の割合は２０１０（平成22）年の31・2％から２０３５年には40・8％に増えることが見込まれ、65歳以上の世帯の70％近くが一人暮らしか、高齢者夫婦のみの世帯になることが見込まれている。

データーが示すように多くの高齢者はひとり暮らしか高齢者夫婦のみの世帯で共に元気で自立した生活ができる間は自宅（在宅）で生活が継続できると考えられるが、高齢者二人世帯であっても配偶者が亡くなり要介護判定を受け、介護が必要な状況になると子供等に介護を託せる場合は別として大方の場合、自立困難者の生活の場所は、在宅医療が不十分で、かつ医療と介護サービスの連携が不十分な状況下では、施設か病院が生活の場にならざるを得ない。

(3)　福祉施設や病院は介護を必要とする自立困難者の生活を託せるか

①介護が必要になった時の高齢者介護施設、病院の主なものの整備（定員数）状況は、内閣府の『高齢社会白書（令和元年版）』から介護老人福祉施設54万２４９８人、介護老人保健施設37万２６７９人、認知症対応型共同生活介護19万９４００人、介護療養型医療施設５万３３５２人、介護付有料老人ホーム51万８５０７人で、２０１９（平成31）年時点で、65歳以上高齢者のいる世帯は、全世帯５３０７万世帯の約半数の２４９７万世帯であり、約47%が用意されていることになる。

②高齢者世帯の所得年収、３１８・６万で、その66%に当たる２１１・２万円を公的年金、恩給で受給している。また、65歳以上の高齢者世帯の貯蓄現在高は１６３９万円と全世帯１０４７万円の１・５倍となっている。

③一方、介護が必要になって介護老人福祉施設のユニット型個室に入所した場合の費用は、表2-1のとおり高齢者夫婦２人世帯で収入は年金のみで、その額が２２０万円（月額18万３３３０円）で介護度４の場合の介護に要する費用の自己負担額は月額14万２００円（年額１６８万２４００円）となっている。なお、多床室に入所した場合では介護に要する費用の自己負担額は８万９７００円（年額１０７万６４００円）となっている。

以上、見た通り今日の家族形態は従来の夫婦と子供２人世帯から高齢者の独居世帯か高齢者夫婦世帯が多くな

表 2-1　特養利用料

（単位円）

利用者負担区分	施設の種類	居住費（月額）	食費（月額）	利用者負担額（月額）	日常生活費	年間負担額
第 4 段階（本人の年金211 万円以上）	ユニット個室	60,000	42,000	28,200	10,000	1,682,400
	多床室	10,000	42,000	27,700	10,000	1,076,400

資料：厚生労働省「介護サービス施設　事業所調査」厚生労働省「平成 29 年度国民生活基礎調査」平成 25 年度総務省「住宅・土地統計調査」

る中でも、元気で生活できる間は住み慣れた地域で家族と共に生活したいという思いで、多くの方は働きながら趣味を生かしながら地域との連携の下につつましやかな生活を送っているというのが普通な生活だと思う。しかし高齢になるにつれ、病気等により体が不自由となり生活に様々な支援が必要となり一人での生活に困難を伴ってくる。配偶者が元気な間は配偶者の努力と訪問介護サービスの活用等により自宅での生活が維持できても独居世帯や配偶者を亡くした場合などで介護が叶わないことになる。重度化してくると介護支援なくしては本人が自宅での生活を希求してもそれは大方の場合、自宅での生活維持は困難と言わざるを得ない。また、医療サービスと訪問介護サービスを活用して在宅での生活を試みても在宅医療が不十分な現況においては在宅での生活維持は困難に変わりない。

「永年住み慣れた地域で生活を続けたい」という国民のニーズは国の進める地域包括ケアの考え方に整合するものであり、在宅か施設か病院かではなく、永年住み慣れた地域で高齢になり介護が必要になっても必要な医療、福祉サービスを利用しながら生活できる、安心して老いられるハード、ソフトの基盤整備が必要である。一つには高齢者の生活の支えである公的年金制度の拡充強化を図ること。二つには、必要な介護が必要に応じて受けられる在宅サービスの拡充強化を図ること。通院が難しくなった時や施設や病院を退所後、自宅で必要な医療サービスが受けられる在宅医療の拡充強化を図る必要がある。

２０１９（令和元）年の12月、高齢の母（88歳）と70歳の娘が、高齢者向けの共同賃貸住宅（サービス付き高齢者住宅）で亡くなっていることが報じられた。状況から88歳の母親が寝たきり状態の70歳の娘を刃物で刺し、無理心中を図ったとみられると伝えている。

サービス付き高齢者住宅で生活する母親は娘の介護と経済的な不安を周囲に訴えていたという。

また、もう一つの事案は、同じく２０１９（令和元）年の12月、東京都の集合住宅で72歳と66歳の兄弟が痩せ細った状態で死亡していることが報じられたが、電気やガスが止められ、食べ物もほとんどなく困窮した状態で遺体が発見されたという。

この2つの事案は、高齢者の経済的基盤である年金制度と介護が必要となっても永年住み慣れた地域での生活を支える在宅医療と在宅サービスが少しでも機能し、国民の生活を親身になってケアする相談支援体制が備わっていれば未然に防げた事故である。

少子高齢社会がさらに進むわが国では、多くの国民が高齢となり介護が必要となっても家族とともに永年住み慣れた地域での生活を願っている。このニーズに対応する社会保障制度と社会福祉制度を構築することが今何よりも求められているのではないか。これらの制度、仕組みの構築なくしては明るい未来は展望できないと思っている。

2　生活の場所によって平均余命の長短が生まれる

平均余命は栄養、食生活、身体の活動、飲酒、禁煙等に関する生活習慣や社会環境など様々な要因によって差異が生じると考えられる。都道府県のベスト5位、ワースト5位の都道府県別の平均寿命、健康寿命は、表2-2のとおりである。食生活、生活習慣の改善や生活環境の改善など都道府県の取り組みなど様々な要因によって差異が生じており、生活する場所によって高齢者の平均余命に差が生じることは十分に考えられる。高齢者が働けるうちは働き、生きがいを持って元気で生活できるよう生活環境を整え、一人暮らし単独世帯になっても安心して生活ができる社会環境を整えることが重要である。２０２５年には、国民４人に１人が75歳以上の高齢者といわれる超高齢社会を迎えても若者が安心して自分の老後を迎えることができるのではないかと考える。そうしないと老老介護問題が大きくのしかかり日本の未来はないと考える。

3　主要介護3施設の現状

高齢者主要3施設の利用定員は、介護老人施設54万２４９８人、介護老人保健施設37万２６７９人、グループホーム19万９４００人の計１１１万４５７７人で75歳以上人口１７９８万人の６・２％で限られた人は利用できても誰しもが利用できる状況にあるとは言い難い。

家族形態が大きく変化し、高齢者単独世帯と高齢者夫婦のみの世帯が主流となっている現在においては自立が

表2-2　平均寿命と健康寿命

平均寿命上位5府県			
都道府県	平均寿命	健康寿命	差
長野県	79.84	71.17	8.67
滋賀県	79.60	70.67	8.93
神奈川県	79.52	70.90	8.62
福井県	79.47	71.11	8.36
東京都	79.36	69.99	9.37
平均寿命下位5府県（男性）			
都道府県	平均寿命	健康寿命	差
青森県	76.27	73.34	2.93
秋田県	77.44	73.99	3.45
岩手県	77.81	73.25	4.56
高知県	77.93	73.11	4.82
鹿児島県	77.97	74.51	3.46
平均寿命上位5府県（女性）			
都道府県	平均寿命	健康寿命	差
沖縄県	86.88	74.86	12.02
島根県	86.57	74.64	11.93
熊本県	86.54	73.84	12.70
岡山県	86.49	73.48	13.01
長野県	86.48	74.00	12.48
平均寿命下位5府県（女性）			
都道府県	平均寿命	健康寿命	差
青森県	84.80	73.34	11.46
栃木県	85.03	74.86	10.17
秋田県	85.19	73.99	11.20
大阪府	85.20	72.55	12.65
茨城県	85.26	74.62	10.64

出典：平均寿命は厚生労働省平成17年都道府県別生命表の概況、健康寿命は平成26年版厚生労働白書より

参考：「健康寿命」とは、日常生活に制限のない期間

困難となり介護が必要な状況になっても引き続き住み慣れた地域で生活していける方途としては、特別養護老人ホーム等の介護施設が、国の進める地域包括ケアシステムの拠点として役割を果たすことが望まれる。

介護が必要になっても安心して住み慣れた地域で生活できる豊かな老後社会が実現すれば、人は自分たちの老後に安心し子どもを産み育てる気持ちにもなり少子化への歯止めも期待できる。

4　結局は介護老人福祉施設（特養）が高齢者最後の砦

介護老人福祉施設は現在では要介護度3以上の高齢者に限定し、在宅での生活が困難な者を支える施設として食事や入浴、排せつなどの日常生活の介護や機能訓練・健康管理・療養上必要なサービスが受けられる終身利用を前提として看取り介護まで行っている。

一方、介護老人保健施設は、介護を受けながらリハビリ等を提供し在宅復帰を目指す施設で、終の棲家とはなっていない。また、医療ニーズの増加やADL（日常生活動作）の低下等によって特別養護老人ホーム等への転居が必要となることからみても同様に終の棲家とは言えない。

(1)　介護老人福祉施設（特養等）3施設の現況等

介護3施設の入所定員は特別養護老人ホーム54万2498人、介護老人保健施設37万2679人、介護療養型医療施設5万3352人の計96万8529人で75歳以上高齢者1798万人に対する充足率は5・3%、特別養護老人ホーム単独では3・0%となっている。

また、これらの施設に入所した者の退所にかかる平均在所日数は介護療養型医療施設が約1年、介護老人保健施設が約8か月、特別養護老人ホームで約4年と、特別養護老人ホームが機能的にも自宅に代わる居住施設としての役割を果たしている。

なお、介護が必要になった場合、介護を受ける場所についての意識調査では、「可能な限り自宅で介護を受けたい」とする者が45％、「特別養護老人ホームや介護老人保健施設などの施設に入所したい」とする者が33％となっている。

(2) 終の棲家としての特養の役割と課題

特別養護老人ホームは全国で54万2498床と75歳以上の高齢者の3・0％が入所できるベッドが整備されているものの、厚生労働省が2017年（平成29年）3月に調査した「都道府県別特別養護老人ホーム入所申込状況調査」では29・5万人が入所申込をしており、うち41・7％の12・3万人が在宅で待機している。

団塊の世代が75歳以上となる2024年（令和6年）には、2015（平成27年）年より490万人ほど増えて2121万人と推測されており、現在の3％を確保するためには更なる整備が必要となる。

加えて、団塊の世代が75歳以上となるこの時期は産業の工業化や人口の都市化に伴い高齢者一人世帯と高齢者夫婦世帯が大幅に増加していると考えられ、このままでは多くの介護難民が発生することは避けられず、ニーズに見合う新規施設の整備が必要となる。さらに、既存機能の見直し（例えば認知症高齢者が中心となっているグループホームなどを特別養護老人ホームと同様の機能をもった小規模施設として、特別養護老人ホームとしての活動基盤の強化を図るなど）と併せて特養が当該地域の在宅サービスを担う拠点として、医療、看護、介護機能を強化し、施設サービスにとどまらず当該地域の在宅サービスも担当させるなどが期待される。高齢になって介護が必要になっても住み慣れた地域で安心して生活ができるよう地域包括ケアシステムの中核として位置づけるなどの再構築が望まれる。

また、介護が必要となって特別養護老人ホームが終の棲家として国民に信頼される施設として機能するためには、介護人材の不足を補い介護人材の充足を図る必要がある。そのためには給与等の処遇改善、休日等の職場環境の充実など介護の専門家としての介護福祉士が利用者の大切な命を預かる専門家として、安心して業務に専念できる環境を整える必要がある。また、低く設定されている介護報酬を適正な価格に引き上げるなど社会保障の充実と所得の再配分の検討も必要だと考えられる。このことによって介護問題に大きな不安を抱えている多くの国民に安心感を与え、高齢社会を和らげる意識につながるものと確信する。

多くの国民は若く元気で働ける間は元気で働き、子育てしながら将来に備えた教育資金や老後資金を蓄えながら生活を守り、住み慣れた地域で家族と共に安心して生活を続けたいというのが多くの庶民の願いであろう。多くの庶民の切実なこの願いが、人生の最後の場面となる介護が必要となる場面で生活の場が無く、孤独な死を迎えざるを得ないというのでは健全な市民生活は成り立たないのではないか。まさにこの世は闇だと思う。

参考
75歳以上人口、介護施設定員の出展資料「令和1年11月20日元年版高齢社会白書」
介護を受ける場所についての意識調査「高齢者介護に関する世論調査」（内閣府大臣官房政府広報室、平成15年7月）

第3章

特養を最後の砦にするための苦労
―一つの事例から―

笹山　周作

1　はじめに

筆者が社会福祉法人を設立したのが今から24年前（１９９６年12月）になる。その後１９９７（平成９）年に介護保険法が成立し２０００（平成12）年に施行された。以降今日まで24年間にわたって社会福祉、法人の介護施設の経営に携わってきた。振り返ってみると24年前は、人材不足の問題もなく、これからは新しい制度の下で、契約という概念で利用者と社会福祉法人が対等の立場でサービス提供の約束を交わし、新しい理念の下で事業が推進できるという、将来が明るく希望に満ちていたように思っていた。小室豊允先生のゼミにもよく参加し、ドイツ、オーストリア、オランダの老人ホームなど視察旅行をし、大変勉強になることばかりだった。それから筆者は、毎年のように施設（主として、特別養護老人ホーム）を新設していった。法人本部を置いた姫路市は１法人１施設の考え方が根強く、なかなか許認可を下ろしてくれない中でデイサービス等の届け出のみでできる事業を先行させた。そして、神戸市の公募に応募して選定され、神戸市東灘区で特別養護老人ホームやグループホーム、介護型ケアハウスなどを開設した。介護保険が始まった頃は、措置から契約へという概念が導入されたので、社会福祉法人も民間企業と競争しなくてはならない時代となった。そして筆者はいろいろ考えてどのサービスに参入すればよいか、国も新しいサービスをいろいろ作ってきたので、そのサービスのどれに参入するか難しいこともたくさんあった。しかし、やりがいはあった。ところが、ここ6～7年前より国の規制は一段と強まり、２０１７（平成29）年2月20日に社会福祉法が改正され２０１８（平成30）年4月1日から施行されたことによって、社会福祉充実額についても市の許可等を得て社会福祉事業をしなければならなくなった。職員と共に一生懸命働いて汗水流して貯めたわずかなお金も市の許可を得て使うというような法律をつくった。社会福祉においても民間においても経営者にモチベーションを与えるシステムでないと介護の質は高まらず、利用者、家族に喜んでもらえる施設にはならないと思う。以下に筆者が考える社会福祉法人（特養）の経営理念について述べる（充実額とは法人が経営努力で施設の将来に向けた「剰余」金）。

2　わが社会福祉法人（特養）の経営理念

社会福祉法人の経営について筆者なりの考え方を述べたいと思う。社会福祉法人の経営は、社会、地域に貢献すること、利用者に喜んでもらえることだと考える。社会、地域に貢献することはどんなことをして社会、地域に貢献できるかということである。経営する「社会福祉法人ささゆり会」は子ども食堂を2か所、福祉なんでも無料相談所を1か所、それらを地域貢献活動として開設している。また、介護サービスの質を磨くために、播磨介護技術コンテスト（ＨＣＣ）、播磨料理コンテスト（ＨＤＣ）を開催し、近隣の特養などからの参加を得て成果を上げている。その他、御立まつり、敬老会、クリスマス会等を毎年行っている。どの事業も補助金は一切もらっていない。もともと、筆者は補助金をもらうのが好きではない。補助金をもらうと必ずその事業に規制がかかるし、いろいろと条件を付けられる、それが嫌いだ。だから、筆者と職員が協力しあって、創意工夫を凝らし、法人の自己資金を使って事業を立ち上げた。補助金をもらうためには多様な書類の提出等煩雑なことが多く、そのために時間が取られる。職員と一緒にいろいろ考え、事業を実行していくのは大変だが、楽しみもたくさんあり、やりがいがある。そしてできるだけ社会、地域貢献事業を長く続けたいと考えている。一般に、社会福祉法人は補助金をもらうことが好きでその補助金に頼って経営をしているイメージがあると思う。社会福祉法人の経営であろうと民間の株式会社であろうと基本の所は同じだと思う。「経営」を英語に直すと「Management」になる。マネージメントの父と言われたＰ．Ｆ．ドラッカーの言葉は「マネージメントとは成果を出すこと」であると言っている。これは社会福祉法人にも通用すると考える。社会福祉法人に経営は必要ないと思っている経営者がいるとしたらそれは間違いだ。社会福祉法人であってもきちんとした経営がなされ成果を出さなければならない。過去24年間社会福祉法人の経営に携わってきたが、その中で筆者なりに社会福祉法人の経営について大切であると思ったことを述べたい。

(1)　公私混同をしないこと

小さな中小企業の場合は、昔は（40～50年前）、自分のお金も会社のお金も同じお金として自分のものだった。父が小さな会社を経営していたのでそのことがよく解る。しかし、銀行から会社がお金を借りる時は、父、母、筆者、妻、全員を連帯保証人として全員の署名印鑑を銀行は要求する。そうでないとお金を貸してもらえなかった。しかし、社会福祉法人の場合、公私混同すれば法律違反であり社会福祉法人に迷惑をかけ職員にも迷惑をかけることになる。なぜ最初に公私混同の話をしたかというと、この公私混同をしないことが社会福祉法人経営にとってとても大切なことだからである。法人経営者、特にオーナーは最初多額の出資金は自分が出したのに働いた給料だけでは実入りが少ないという思いがある。一生懸命働いても給料も制限されているので、それだけでは最初に寄付した出資金はどうしてくれるのだという思いがあり、家族を法人の職員として採用したり、いろいろなトンネル会社を作ってそこで利益を上げるシステムを考えたり、納入業者より接待をうけたり、家族が手土産をもらったりする。そうなると社会福祉法人のガバナンスが機能しない。最近、関西電力の幹部が福井の美浜原子力発電所の建設にからんで82人が処分されたことが新聞で報道された。まさにこれは公私混同することによってガバナンスが機能していなかったということだ。社会福祉法人はガバナンスが機能しているか否かによって経営に大きく影響してくる。なぜなら、部下は上司の姿を見て真似をする。上司が自分だけ得をすることをしていたなら部下が一生懸命働こうという思いに欠け、組織の規律が乱れ、ひいては虐待等につながっていく。公私混同は小さなことから大きいことまでいろいろあるが、どんな些細なことでも公私混同をしないという考え方が大切である。「千丈の堤も蟻の一穴から」という諺があるように公私混同を経営者は絶対しないという考え方で経営に当たってほしい。

（2）　短期目標と長期目標を決めてそれを実行していくこと

目標と言ってもいろいろある。社会福祉法人の場合は事業計画を毎年立てるが、ある保育園は毎年同じ事業計画で、年月日が変わっているだけ。老人ホームであろうと保育園であろうと、障害者施設であっても毎年新しい目標を立て事業計画を作っていかなければならないのに、毎年同じことをしていくのは、経営者や職員にとっては楽なことだが新しい試みを行っていくことは絶対に必要だ。なぜなら、社会の情勢は刻々と変化していて、事業や活動もそれを反映したものでなければならないからだ。

筆者は、20年あまりにわたり毎年のように施設を１つずつ造ってきたので職員からはいつも文句が出てきていた。新しい施設へ行く管理者は仕事ができる優秀な職員を抜擢するので、あとは自分と新人だけで頑張らなければならない。そうすると、残って管理者になった者の負担が重くなり大変なので文句が出ることになる。職員はいつも不満を持っていた。しかし、20年あまり経過して、筆者が新しい施設を造ってきたことと職員が望んでいた新しい施設を造らなかった場合とどちらが良かったかと、最近になって職員に聞く。時間が正解か不正解を出す。多数決が正解か不正解を出すのではない。経営者は、何が正しいかをいつも自分自身に問わなければならない。それは、全職員が反対しても将来を考えて決断していかなければならない時は決断するということ。

毎年、立てなければならない目標、来年はどんな新しいことをするか、収入の目標をいくらに立てるか等を記載して表明することは絶対に必要である。収入についても福祉経営者には新しく稼いできて利益を出すという概念が希薄だと思う。利益が出ないと利用者に対する備品一つも新しいものを買うことができないし、職員に対する昇給もできない。

筆者は、毎月１回すべての事業所の責任者を集めて運営会議を開催している。毎月中旬に前月の収入、支出、苦情、事故等を記載したものをベースに1時間行う。ここでは収入や支出や苦情、事故、研修、行事、営業、残業、人員配置等すべて必要な項目を明らかにするようになっており、各責任者は、それらをすべて記入して提出しなければならない。デイサービス事業所は5か所あるので互いに競争が生まれる。責任者には「法律違反をしないこと」をやかましく言っているがそれ以外は、細かく指示はしない。困った時には相談をしてもらえれば筆者がアドバイスするが、それ以外は、責任者がいろいろ考えて各事業所の経営に当たっている。このように短期の目標は、各事業所の責任者が考え、長期の目標は、経営者である筆者をはじめ理事会がほとんど考え、理事会で決議する。長期目標は、高齢者の人口動態と働く職員の確保について、以前は、高齢者の人口動態のみを考えていればよかったが、現在は働く職員の確保についても考えなければならない。少子化とは働く人が少なくなること。それをどのように補っていけばよいか、第4章に、その苦労を具体的に記載しているので目を通していただきたい。

(3) 地域社会への貢献

介護は特に地域社会への貢献がなければならないと思っている。地域から支援されないと介護施設の経営はうまくいかない。なぜなら、それは地域の高齢者が利用する施設だからだ。デイサービス、ショートステイ、ホームヘルパー、特養等地域の高齢者に利用してもらわないと介護施設の経営はできない。

「社会福祉法人ささゆり会」は設立後すぐに敬老会開催という行事を持った。地域の高齢者、民生委員、自治会長を約100人招待して食事と余興を行う。歌手や保育園児や中学校の吹奏楽部の協力を得て一連のプログラムを進める。これは地域の人との信頼関係を作るのに役立った。毎年5月に行う「サンライフ御立祭り」には屋台や無料綿菓子券などを発行して地域の小学生に来てもらったり、地域の高校生がボランティアで綿菓子や焼きそば、たこ焼きを作ってくれてとてもにぎやかな祭りとなる。また、最近新しく開設した地域密着型特養サンライフ西庄の1階に子ども食堂を併設した。その子ども食堂は、玄関とは別に外から入ることができる部屋にキッチン、トイレを付け、特養とは区別した。そこで毎月1回、子ども食堂を開くことにした。最初は、地域の子供が来てくれるかどうか大変心配したが毎回20名前後の子どもが参加してくれるようになった。その運営には近くの高校生がボランティアとして協力してくれて順調に進んでいる。そして、２０１９（平成31）年2月に姫路駅前に「なんでも福祉無料相談所」を開設し毎週火、土、日の午前10時~午後6時迄オープンしている。介護、障害者の方が役所等に直接行くことにためらったりした時に、なんでも福祉無料相談所に来てもらって相談して頂ければと思い開設した。

加えて、２０１９（令和元）年6月にはデイサービスサンライフ田寺にも子ども食堂を開設した。ここも毎回20名前後の子どもが来て食事をした後に高校生のボランティアが勉強を教えるなど充実した内容となっている。このように地域社会への貢献は時間と人手がかかるが、一歩ずつ前に進めていくことが大切だと考えている。

⑷　人材育成

これは社会福祉法人にとって最も大切なことである。介護は人材といっても過言ではない。人を育てるのには時間とお金とエネルギーが必要である。エネルギーとは強い思いがないとなかなか生み出せない。10年前にキャリアパス制度（図3-1）を創った。昇格するために総合職4級から上っていかなければならない。そして昇格のためのテストがある。筆者としては、福祉関係だけの勉強ではなく労働基準法や会計やマネージメント、マー

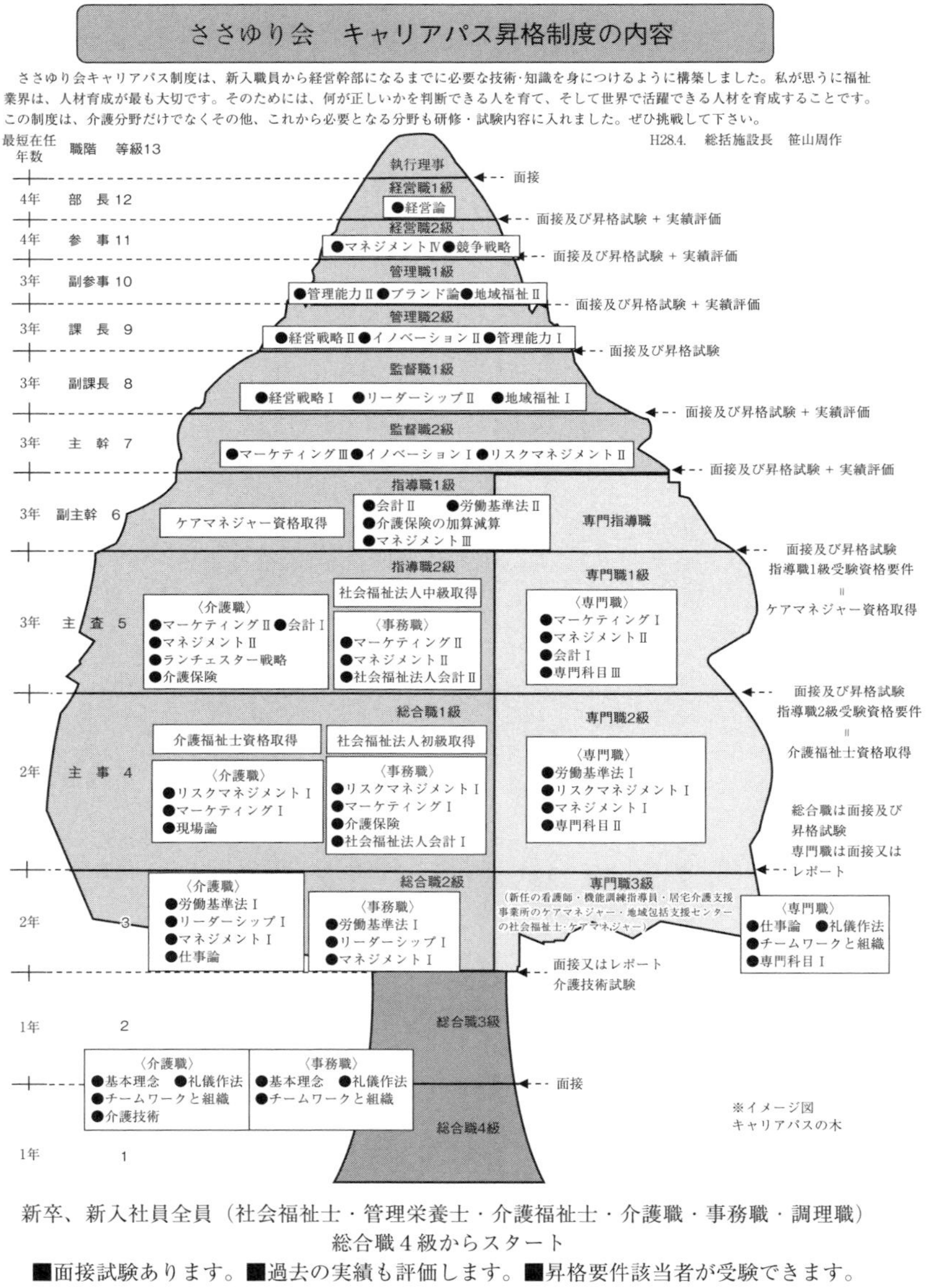

図 3-1　キャリアパス制度

ケティング等も勉強してほしいと考えている。一般に介護の仕事をする人には、マネージメントやマーケティング、会計等の技法が不必要と思っている者が多いが、介護分野の責任者になるためには労働基準法から会計からマーケティング、マネージメント等がどうしても必要になる。これを勉強していないと管理者あるいは事業責任者として部下の指導ができないし、自分の部署の財務内容が解らない。その思いから外部研修にも積極的に参加させている。外部研修に参加させることによって新たな知識や管理者として必要な技法を身につけることができる。そして学んだ内容を月1回の職員全体会議でＺＯＯＭを使って各施設とつなぎテレビ会議で発表してもらう。全体会議は月末の月曜日の午後2時～午後3時30分の1時間半と、水曜日の午前9時30分～午前11時迄の2回同じことをレポートするので、職員はどちらかに出席しなければならない。

パート職員に対しては、月末の月曜日の午後1時から1時30分、水曜日の午前11時15分から11時45分の時間帯で全体会議を開催する。パート職員もどちらかに出席しなければならない。そして年に1回全員（正規職員もパート職員も）に基本理念、サービス十カ条、感染症、労働基準法、セクハラ防止、身体非拘束の１００問40分のテストを実施する。筆者もそれを受ける。正規職員で50点以下の時は再テストを受けなければならない。ＥＰＡ[1]で来ているベトナム人職員も受験するが50点以下がほとんどだが、再テストは免除している。パート職員が50点以下でも免除している。

ＱＣサークルも人材育成の一環として２００５（平成17）年頃より始めた。このＱＣサークルは、日本科学技術連盟主催のＱＣサークルである。兵庫県知事賞を2回受賞し、昨年6月に日経ホールで行われたＱＣサークル事務・販売・サービス（含む医療・福祉）部門で社会福祉法人ささゆり会特別養護老人ホームサンライフ御立「絆サークル」が銀賞と審査委員長賞を受賞した。今まで長く続けてこられて大変良かったと思っている。そして今年（２０２０年）の７月頃にこの活動の実践を記録した本の出版を計画している。この本の内容は、ＱＣサークルに参加した人の座談会とＱＣサークルの発表の内容を記載している。今回ＥＰＡでベトナムから来た人も座談会に参加しているので、興味ある内容となっている。ＱＣサークルをすることによってチームワークが良くなり、いろいろな部署から集まって改善目標のためにチームを組むので自ずとチームワークがとれるようになる。

(5) 必ず昇給を行い福利厚生を手厚くすること

職員の給料が安く、福利厚生が何もないような法人では誰も働いてくれない。毎年必ず昇給し、福利厚生を手厚くしていかなければならない。給料も地域で一番、福利厚生も一番、そして残業なし、有給休暇以外に生活支援休暇がたくさん取れるようにしなければならない。

２０１９（平成31）４月より生活支援休日を年４日とれるようにした。これを今後増やしていきたいと考えている。今の若い人には休みの多い職場が人気があるとのことなので休みを増やしたいと考えている。休みを増やすためには人を増やさなければならず人材不足の現在の状況では大変厳しいがこれを行っていかなければ人材は集まらない。

福利厚生については現在行っているものを次頁（図３-２）より記載したので参照されたい。福利厚生の基本的な考え方は、男性も女性も平等は当然だが女性が結婚しても正職員で働きやすい職場でないといけない。夫婦２人が正職員で働きながら子供を育てていくことができるようにすること。そして60歳の定年が過ぎても嘱託職

2020年3月17日より

常勤職員用
社会福祉法人ささゆり会　福利厚生について

1　休日について

★生活支援休暇
仕事と生活の調和を目的として6ヶ月以上勤務している職員は、有給休暇とは別に生活支援休暇を4日取得できます。

★半日有給休暇
年に6回、半日有給休暇を取得できます。（ただし、22時～9時の時間帯を除く）

★リフレッシュ休暇
入社1年後より連続5日間のリフレッシュ休暇を取得できます！

★特別休暇
- 本人が結婚する時…入籍（又は挙式）の日から起算して6か月以内の任意の日から連続5日以内
- 父母（養継父母も含む）、配偶者、子（養子を含む）が死亡したとき…死亡日（又は葬祭日）を含めて連続5日以内
- 同居の祖父母、兄弟姉妹、配偶者の両親が死亡したとき…死亡日（又は葬祭日）を含めて連続2日以内
- 子が結婚するとき…入籍（又は挙式）の日を含めて連続2日以内

2　健康について

★労災とは別に業務に従事中のケガ等に関する補償。病気に関する補償
本法人に勤務する正職員、パートタイマー、嘱託職員（週3日以上で週15時間以上勤務の職員）

- 死亡補償保険金（業務上による場合）…………………………1,000万円
- 後遺障害補償保険金（業務上による場合）…………………… 500万円
- 病院へ入院したとき（一般の病気でもOKです）…………１日5,000円／30日迄
- メンタルヘルスの相談等…………………………………………無料

★人間ドック費用の助成
勤続3年以上であり4週を平均して1週20時間以上勤務している方で、40歳以上74歳までの偶数年の職員が、事前に申請書を提出し人間ドックを受けたときは費用の助成を行います。病院は各自で選んでください。

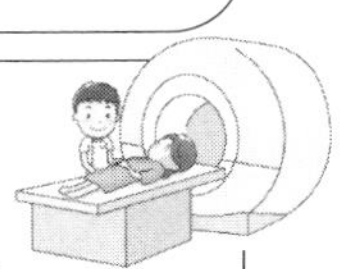

- 4週を平均して1週間の労働時間が40時間………………………………50,000円
- 4週を平均して1週間の労働時間が30時間以上40時間未満……………49,000円
- 4週を平均して1週間の労働時間が20時間以上30時間未満……………48,000円

図 3-2　社会福祉法人ささゆり会　福利厚生について

★乳がん・子宮頸癌・肝炎ウイルス検査費用の助成

勤続2年以上であり4週を平均して1週20時間以上勤務している方で、満20歳〜38歳の偶数年職員が事前に申請書を提出し、乳がん健診・子宮がん検診・肝炎ウイルス検査を受けたときは費用の助成を行います。

・4週を平均して１週間の労働時間が40時間………………………13,000円
・4週を平均して１週間の労働時間が35時間以上40時間未満……12,000円
・4週を平均して１週間の労働時間が30時間以上35時間未満……10,000円
・4週を平均して１週間の労働時間が20時間以上30時間未満…… 8,000円

★禁煙にかかる費用の助成

勤続1年以上であり4週を平均して1週30時間以上勤務している方で、満20歳以上の正職員、パートタイマー、嘱託職員であるときは費用の助成を行います。

・4週を平均して1週間の労働時間が40時間………………………………………20,000円
・4週を平均して1週間の労働時間が30時間以上40時間未満……………………15,000円

★インフルエンザ予防接種

毎年11月頃にインフルエンザの予防接種を実施しています。

週20時間以上で3ヶ月以上勤務されている常勤職員・パート職員の費用（3,400円以下）は全額施設負担です。

週10時間以上20時間未満の方には、1,000円の費用助成があります。

3　資格について

★ケアマネ資格取得手当

ケアマネ資格を新規に取得された方へ10万円の一時金を支給します。

★ケアマネ更新研修費用の助成

ケアマネ資格の更新研修にかかる費用のうち2分の１を施設が負担します。

さらに、6日以上の更新研修を受講する場合、2分の１は研修（勤務扱い）とします。

★介護福祉士実務者研修費用の助成

介護福祉士国家試験受験日において介護福祉士国家試験受験資格を有し、本法人に勤務する正職員、パートタイマー、嘱託職員の方に、介護福祉士実務者研修の費用の半額を助成します。（上限6万円）
＊週20時間以上勤務している職員が対象です。

図 3-2　社会福祉法人ささゆり会　福利厚生について（続き）

★資格取得の支援

○ケアマネジャー　毎年1月から受験が間近に迫る10月まで勉強会及びオリジナルテキストを配布しています。

○介護福祉士　毎年3月から翌年1月までの期間中、毎週土曜日午前9時～午後12時に勉強会と模擬試験を行っています。

○社会福祉士　毎年3月から受講の資料を渡しています。

★資格手当

・介護福祉士（処遇改善交付金の対象になる方）	月 10,000円
（処遇改善交付金の対象外の方）	月 5,000円
・正看護師	月 10,000円
・准看護師	月 5,000円
・介護支援専門員、社会福祉士、管理栄養士	月 5,000円

＊上記は1資格の単価です。複数の場合は上記＋1,500円です。（上限10,000円）

4　退職金について

★退職金制度

●確定拠出年金制度

毎月、法人負担で基本給18万円以上の人の場合、月額掛金8,000円～37,000円を法人が拠出し本人管理口座に積み立てています。ただし、3年未満で退職した場合、法人が掛けた金額は法人に帰属します。

それにプラスして加入者掛金として本人負担での積立もできます。（本人が負担した掛金分については所得税と住民税が減額されます）

＊ぜひ本人も法人が掛けた金額と同額掛けることをおすすめします。

積み立てた掛金は、60歳で退職金又は年金として受け取れます。

38年間で法人が掛けた金額のみ（利息別）で約1,300万円受け取れます！

5　幼児・子供支援について

★シングル子供支援手当制度

（支給額）

・扶養親族が1人の場合	月15,000円
・扶養親族が2人の場合	月20,000円
・扶養親族が3人以上の場合	月25,000円

配偶者等のいない職員で、所得税法に定める扶養親族である子を有する方を支援します。ただし、職員の前年の合計収入による所得制限があります。

・扶養親族が1人の場合	450万円未満
・扶養親族が2人の場合	500万円未満
・扶養親族が3人以上の場合	550万円未満

図3-2　社会福祉法人ささゆり会　福利厚生について（続き）

★遺族育英支援金規程

勤続２年以上の職員が在職中死亡により退職した時に、その者に遺児（小学校、中学校、高等学校に在学している者、または小学校入学前の未就学児）がいる場合に、遺児の健全な成長を支援するための育成支援金を法人が支給します。

ただし、死亡した職員の配偶者および同一世帯内の者の前年の合計収入による所得制限があります。

・受給資格者が１人の場合　450万円以下
・受給資格者が２人の場合　500万円以下
・受給資格者が３人以上の場合　550万円以下

例）正職員として勤続年数10年以上、小学生（10歳、8歳）2人の遺児がいる場合

10歳小学生 → 18歳までにもらえる支援金　540 万円
8歳小学生 → 18歳までにもらえる支援金　518.4万円

育英支援金合計　1058.4万円

月額　8.1万円（小学生2人の場合）～ 9.9万円（高校生2人の場合）

●寡婦、寡夫の場合　死亡後すみやかに一時金として受け取れます。
1人目　200万円　＋　2人目　200万円

一時金合計　400万円

★育児時間短縮制度　週40時間 → 週30時間

小学校3年生までの子供がいる職員は、希望により労働時間を短縮することができます。勤続1年以上の方が対象です。

★育児サービス利用費助成（勤続2年経過後の職員が対象）

＊小学校就学前までの子供に関わる育児サービスを利用した場合
→ 施設から保育料の1/2の助成を受けることができます。

＊小学校1年～3年生までの子が学童保育を利用した場合
→ 施設から利用料、延長料、おやつ代の1/2の助成を受けることができます。

6 その他

★職員紹介制度

ささゆり会へ知人を紹介していただくと、被紹介者の勤務月数に応じて職員紹介手当を支給します。

6ヶ月で5万円、1年経過すると合計で10万円支給になります。

図 3-2　社会福祉法人ささゆり会　福利厚生について（続き）

★看護師奨学金貸付制度

ささゆり会に勤務する職員（常勤：1年以上・非常勤：（週30時間以上勤務で2年以上））で、看護学校の入学を希望する方は、法人本部長の承認により看護師奨学金貸付制度（約300万円）を利用できます。

費用は、看護学校卒業後に5年間ささゆり会で勤務することで返済免除になります。

大学へ入学を希望される方は、400万円の貸付制度があり、卒業後に7年間ささゆり会で勤務することで返済免除になります。

★住宅手当

職員が世帯主の場合、住居届を提出していただければ住宅手当が支給されます。

・持　家　　　月　3,000円
・借　家　　　月 10,000円
＊年俸380万円以上の方には支給されません。

・社員寮は、寮費（60,000円まで）の半額を補助します。

★慶弔見舞金

職員やその家族の慶弔、災害及び職員の疾病の際には見舞金が支給されます。

・傷病見舞金………………1週間以上の入院による欠勤をした時
　（業務上）　20,000円～50,000円
　（業務外）　10,000円～30,000円

・災害見舞金………………風水害、火災等によって居住している住居が被災した時
　20,000円～100,000円

・死亡慶弔金………………職員または家族が死亡した時
　・本人　（業務上）　100,000円～150,000円
　　　　　（業務外）　50,000円～ 80,000円
　・家族　配偶者　　20,000円～ 50,000円
　　　　　父母（同居以外の姻族を除く）・子　10,000円～30,000円
　　　　　同居の祖父母　5,000円～10,000円

★役職手当

役職に応じて役職手当を支給します。（4,000円～30,000円）

★職員互助会

常勤は全職員加入、非常勤は希望者のみ。

　会費掛金　月額1,000円＋施設負担1,000円＝2,000円

各種慶弔金・勤続祝（5年勤続 → 3万円、10年勤続 → 5万円…）

年３回レストランやホテルなどでの食事会などがあります。

結婚祝金３万円、出産祝金１万円も出ます。

ささゆり会は産休・育休取得率100％！
仕事と子育ての両立ができるように
サポート体制が整っています！

図３-２　社会福祉法人ささゆり会　福利厚生について（最終）

月度　　月次実績報告書

園　長	責任者

施設名　　サンライフ御立特養　　　　　　　　　定員：100名

(1) 収入

● 令和　年　月分収入

	収入金額（千円）	人　数	稼働率	空室日数	理由
前年度実績					
今年度予想					
今年度実績					
今年度100%時収入					

●令和元年度収入　　　　　　　　　　　　　　　　（単位：千円）

	4月	5月	6月	7月	8月	9月	小　計
前年度実績							0
今年度予想							0
今年度実績							0
今年度100%時収入							0

	10月	11月	12月	1月	2月	3月	合　計
前年度実績							0
今年度予想							0
今年度実績							0
今年度100%時収入							0

(2) 行事関係

日　　時	行　事　の　内　容	日　　時	行　事　の　内　容

(3) 研修関係

日　　時	研　修　名	研修内容	主催者	場　所	参加者

(4) 実習受入関係

日　　時	受入先	人数	研修内容

(5) 書類関係

日　　時	別区	番号等	内　容　等	備　考
	発　信 受　信			

図 3-3　報告書見本

(6) 今月改善した事・力を入れた事・反省点

(7) 来月改善する事・力を入れる事

(8) 事故の内容

(9) 苦情の内容

(10) 相談内容

(11) その他

図3-3　報告書見本（続き）

令和　年　月　時間外手当資料

			全職員数	時間外勤務			休日勤務			深夜勤務			合計
				人数	時間	金額	人数	時間	金額	人数	時間	金額	
事務所		常勤											0
		パート											0
特養 3F	1班	常勤											0
		パート											0
	2班	常勤											0
		パート											0
特養 4F	1班	常勤											0
		パート											0
	3班	常勤											0
		パート											0
ショート		常勤											0
		パート											0
医務		常勤											0
		パート											0
厨房		常勤											0
		パート											0
デイサービス		常勤											0
		パート											0
ケアハウス		常勤											0
		パート											0
ひろみね	1F	常勤											0
		パート											0
	2F	常勤											0
		パート											0
	3F	常勤											0
		パート											0
	他	常勤											0
		パート											0
デイ田寺		常勤											0
		パート											0
ヘルパー		常勤											0
		パート											0
居宅		常勤											0
		パート											0
デイ安室		常勤											0
		パート											0
地域包括		常勤											0
		パート											0
土山特養		常勤											0
		パート											0
土山デイ		常勤											0
		パート											0
土山　居宅		常勤											0
		パート											0
デイ御立西		常勤											0
		パート											0
西庄		常勤											0
		パート											0
西庄GH		常勤											0
		パート											0
合計			0	0	0:00	0	0	0:00	0	0	0:00	0	0

図 3-3　報告書見本（最終）

員として70歳迄は働けるようにすること。定年も60歳から65歳に引き上げたいと考えている。そして70歳迄働くことができる仕組みにしたいと考えている。そうすると残りの人生は15～20年となり、年金や所得についての問題はあまり起らないのではないかと思う。

残業については、原則残業禁止である。残業する場合には、理由書を提出しなければならない。それと運営会議（図３-３）では、毎月中旬に開催し各部署の責任者が集まり収入、支出、苦情、事故等前年度と比較して協議する。残業については、各部署の残業時間を提出しなければならないので残業の多い部署はすぐに分かる。なぜ残業なしにするかというと、残業があったなら夫婦２人が正職員で働くことができないからである。パート職員と正職員では60歳を過ぎてから退職金、年金が大きく違ってくる。夫婦２人が退職金をもらえ、厚生年金も２人でもらえれば老後の生活にも困らない。若い時にはあまり老後の生活について考えないが、60歳ごろになるとこれから死ぬ迄の生活について考えるようになる。筆者は、若い職員に20歳の時の１００万円と60歳の時の１００万円の価値は違うと言っている。20歳の時の１００万円は何に使用したか分からないが、60歳になると大事に使用する。

給料についても毎年一定の金額を上げていかなければならない。30歳になれば年俸４００万円以上、40歳になれば５００万円以上の給料を取れるシステムを作らなければならないと自分自身にプレッシャーをかけている。介護職は給料が安いイメージがあるが、最近はそうでもないと筆者は思う。処遇改善加算や新特定処遇改善加算等が支払われているので、介護職の給料は安くはないと思っている。介護サービスを経営する法人においても２極化しているので、なかには給料の安い法人もあると思うがそれは経営者に問題があると思う。

２０１８（平成30）年に新設で地域密着型特別養護老人ホームとグループホーム併設の施設をオープンし

た。その時に、求人を出し、前職の給料保証をするという広告を出した。源泉徴収票と給料表を持ってきてもらいその金額を保証するということである。その給料表を見ると基本給がとても安い法人が多いのにびっくりした。そして訳の分からない名目で手当てをつけている所が多かった。処遇の根本は基本給を上げていくのが本筋ではないかと思う。訳の分からない手当で全体の給料を底上げしてはいけないと考える。なぜなら、モチベーションが上がらないのと退職金等に関係してくるからだ。基本給が低いと、退職金の受け取りが少なくなる。給料については、毎年給料が上がっていくシステムがよいと筆者は思う。他の分野と違って職員と法人、職員と利用者、利用者と法人、これはすべて信頼関係で繋がっている。信頼関係を長く保つためにはある一定の年齢に達するまでは、毎年昇給していくシステムが職員にとってのモチベーションを上げることに繋がるのではないかと考えるからである。

以上5項目について書いたが、最後に特養等を経営している社会福祉法人の経営者にその経営者としての資質並びに覚悟があるか否かを問いたい。あなたはどうかと問われればそれは第三者が評価すればその評価が正しいと答える。

社会福祉法人が経営する特養等について固定資産税はいらないし、法人税も要らない。一般の株式会社の場合、固定資産税と法人税がかかる。法人税は当期活動増減差額の約40％。固定資産税も多額の費用がかかる。これだけ優遇されていて赤字の法人が30％以上とは、どこかに問題があるということである。筆者が考えるには、第一に仕入価格についてだ。1円でも安く仕入れる交渉を行っているかということ。公私混同をしている経営者ではこれはできない。コーヒー1杯奢ってもらったことがない、あめ玉1個持ち帰ったことがないと職員の前で話すことができなければならない。職員が発注して仕入れた商品や経営者が仕入れた商品が他社よりも絶対に安く良い商品でなければならない。納入業者は1円でも高く売りたいのが心情。仕入れをする社会福祉法人は1円でも安く良い物を仕入れることを試みなければならない。そして仕入業者数社に本当の競争をさせなければならない。次に電気、ガス、水道について言及してみたい。サンライフ魚崎の施設長は節約が上手だが筆者は下手である。節約とは、数字が追えて職員全員にその気持ちがないとできないと考える。次に収入をどれだけ増やすかということだ。社会福祉法人の経営者は収入を増やすことについての実行力、決断力がない。それは措置の時代からの悪い体質を引きずっているのではと考える。職員にマーケティング、マネージメント、会計等の勉強をさせ営業も職員と一緒に行き一人でも多くの利用者を獲得するという気持ちがないといけない。

わが法人では、デイサービスが介護サービスの最前線で戦っている。そのデイサービスに優秀な職員を配置し収入確保につなげていくという戦略を取っている。もちろん営業にも行かせている。特養は、いかにベッドを空けないかを考える必要があるが、デイサービスは民間のたくさんあるデイサービスとの競争である。だからこそここに優秀な職員が必要となる。デイサービスに向く優秀な職員をトップにすえることが大切だと考える。

介護の経営者は、介護の質を高めることと地域社会に貢献すること、財務内容の健全化と人材育成を行っていかなければならない。そして今何をすればよいかを絶えず自分自身に問わなければならない。絶えず自分自身にプレッシャーをかけて法人経営を進めることが大切だと考える。

3　利用者主体の軸足を外さない経営

前項では、社会福祉法人ささゆり会がどんな経営理念を掲げて利用者に接しているかについて述べてきたが、実は、特養の経営は多様な苦労を伴うものである。しかし、社会福祉法人経営者はその苦労が利用者の日々の生活に安寧をもたらすものならば、苦労とは感じない。

いま、特養の経営は苦境の極にあって経営者は呻吟《しんぎん》している。その現場の苦労を行政側にも共有する姿勢がほしい。介護保険制度は高齢者福祉を措置の仕組みから契約の仕組みに大きく変えた。措置の仕組みの時代は、国民の税金でサービスを提供していたので、サービスの提供側と受け手側との立場は必ずしも対等とは言えない関係にあった。これ自体、国民の生存権が行政の下位に置かれるという間違った関係を続けてきたのだが、介護保険制度の導入で契約の論理が取り入れられ、サービス利用者とサービス提供者が対等の立場になったと喧伝された。その関係は是とするが、そうであるならば、行政と社会福祉法人の関係も「上位の監督者」と「下位のサービス提供者」という位置づけを平等の関係に改め、行政側はサービス提供者と共通の土俵に立ち、共に考え、共に悩み、共同で超高齢社会を乗り切るという意識改革を行わないことには将来を展望するのは難しいと考える。

社会福祉法人経営者の辛苦が実るような指導・支援が必要な時にきていると考える。

注

（1）ＥＰＡとは、Economic Partnership Agreement（経済連携協定）の意味。

第4章

働き手を海外に求めて
―その取り組みの紹介―

笹山　周作

本章では、人材不足に対処するため、社会福祉法人のオーナーとして海外からの人材を招くための試みのあれこれをドキュメンタリー風に紹介してみようと思う。特に、特養における人材不足は深刻の極に達しており、一刻の猶予も許されない差し迫った状況にある。

1　はじめに

介護施設における人材不足は、ここ7～8年前から始まった。この原因を作った一つはマスコミだと思っている。あるテレビ局の放映からそれに追随するようにマスコミ各社が新聞、テレビで報道した。放映内容は30歳をすぎても給料が安くて結婚もできないという内容だった。筆者が特別養護老人ホームを作ったのは今から24年前（1996年12月）。その前年に兵庫県社会福祉協議会が主催する福祉就職フェアに参加すると、筆者のブースには１００人以上の学生が並び施設の内容を一人ひとり説明する時間がなく、ただ施設のパンフレットを渡すのみといった状態だった。

２　応募者は徐々に減少

そしてその流れが変ったのは7～8年前のこと。それまでは徐々に介護施設で働きたい人は減少していたが、人材不足で困ることはなかった。そして優秀な人材が応募してくれた。マスコミにおける世論操作は世間一般の考え方を変える力があり、テレビの放映以降、応募者数は激減し、本人が介護施設に勤めたいと希望しても親、親族が反対をして介護施設で働く人が激減した。

３　海外から優秀な人材を導入

特養利用者は何年も待機しないと利用できないような需要高の一方、その特養は人材不足で需要に応えられない厳しい状態が続いていた。そうした中で、人材確保のために奮闘を続けていたが必要な人材は集まってこない。応募してきても、とても介護職には向かないと思われる人も多かった。

(1) まずベトナムから

筆者が創設した社会福祉法人ささゆり会の塚口理事長の勧めで今から6年前の２０１４（平成26）年11月、ベトナムのホーチミン市に行きベトナムの看護・介護の専門学校と介護施設を見学した。そんな縁で、ベトナムから国際厚生事業団を通じて介護人材を招くことができるシステムがあることを知り、ハノイへ２０１５（平成27）年12月初旬、募集に行った。面接会場は市内から車で40～50分の所にあり、そこはＥＰＡで勉強している学生の学校だった。

日本から50法人ぐらいが求人に来ていた。応募学生は約１８０名ぐらいで朝9時から午後4時迄に面接した人は約70名だった。一度に5名ずつ椅子に座ってもらいこちらから質問をし、相手の回答や表情や動作を観察して評価した。面接が終わったのちホテルに帰り、70名の人の再評価をみんなで行い、来年1月に国際厚生事業団から誰がほしいのかマッチングが始まるのに備えた。マッチングといっても日本からの求人は１０００人以上あり、ベトナムの応募者は１８０名なのでベトナムの売り手サイド主体だったため、こちらの希望は一切実らず面接したことのない2名の人が応募してくれた。こちらもこの2名の引き受けを了解し

写真 4-1　2015 年 12 月 EPA（経済連携協定）
介護福祉士候補生の面接風景
ベトナムハノイにて

た。２０１６（平成28）の5月下旬にベトナムから国際厚生事業団の研修施設がある幕張で入社式があり、２か月あまり日本で研修ののち8月1日に卒業式があった。8月1日は夜8時頃にベトナムのＥＰＡの介護福祉士候補生1名が神戸のサンライフ魚崎に、1名が姫路のサンライフ御立[1]に到着し8月2日に初出勤となった。

次年度の募集は、２０１６（平成28）年の12月の初めにＥＰＡのベトナム人の募集があったので、8月1日に来た彼女達2名を連れてハノイに行った。彼女達を連れて行ったことが功を奏し11名を採用することになった。２０１８（平成30）年も15名、２０１９（平成31）年も9名採用となり、現在、筆者の所属する社会福祉法人は36名が働いてる。２０２０（令和２）年の採用は姫路グループ4名、魚崎グループ3名で合計7名の採用となった。東京や横浜では外国人の介護士に対する支援が手厚く、そうした支援のない姫路にはこれから来てもらえそうにないのが現状だ。最初は姫路に1名、魚崎に1名来てもらったが、彼女達は大変真面目でよく働く。日本語能力検定Ｎ３[2]を取得して日本に来ているが、日本語の会話がうまくできないのと業務を覚えてもらうのが大変だったので苦労をしたと思う。しかし、それ以降姫路ブロックには全部で26人、神戸魚崎ブロックには10人が働いているので、彼らは大きな戦力となって特養を支えている。

(2) 技能実習生としてインドネシアからの受け入れへ

２０１７（平成29）年の1月にＥＰＡからの人材を受け入れている日本の社会福祉法人は、ベトナムへの求人がよりいっそう増えた場合ＥＰＡのみに頼ることになり、不安を覚えるようになった。

そうした時、２０１６（平成28）年4月から技能実習制度に介護が加わるようになった。この受け入れを図ろうとしたが、社会福祉法人やＮＰＯ法人では受け入れ団体（監理団体を兼ねる）になることができないとのことで、大急ぎで協同組合[3]を作ることにした。そのため、受け入れの主体となる社会福祉法人ささゆり会の理事長と一緒に兵庫県内の社会福祉法人を回り、協同組合の参加組合員になってもらうよう勧誘した。協同組合の組合員の募集もなかなか賛同者がなく苦労してやっと9法人集めることができ、協同組合を設立した。この受け入れ・監理団体を立ち上げたので、ベトナムから技能実習生を招こうと思い、ハノイに行き契約をしたが、その後ハノイの送り出し機関[4]がたびたび送り出し条件を変更するので、今後、ベトナムから技能実習生を招くのは難しいと判断した。

ところが、兵庫県の井戸知事が２０１９（平成31）年の年頭に、「外国人技能実習生を受け入れ、介護現場の人材不足に対処する」と表明し、結果、受け入れ団体として社会福祉法人兵庫県社会福祉協議会を指定した。厚労省は、この場合、社会福祉法人を受け入れ・監理団体として認可した。その言い分は、おそらく、同じ社会福祉法人でも、社会福祉協議会は全県組織の纏め役としての機能を持っているので、特養経営の社会福祉法人とは位置づけがちがうと弁明するだろうが、特養経営の社会福祉法人であっても、他の社会福祉法人に働きかけ、共同で受け入れ・監理を行うことは十分にできる。要は、外国人材を確保するために苦労をしている社会福祉法人を援助するというのではなく、知事という権力の前には、方針を平気で変更する不公平行政を露呈したものと言えないか。

筆者の弟（笹山勝則）[5]が公認会計士として国際的に活動していた縁で、インドネシアで20年以上活躍している弟の知己である日本の公認会計士を紹介してもらい、そのつてで日本の語学研修の子会社で技能実習生の送り出し機関を紹介してもらった。

２０１９（平成31）年1月末に弟とインドネシアのジャカルタに行き、日本へ技能実習生を送り出している機関3社を訪問した。さらに、日本の自動車企業のインドネシアの研修機関も見学した。その2か月後の２０１９（平成31）年3月に再度インドネシアに行き、技能実習生の48名を筆者と弟と協同組合の参加組合員10名とともに面接して19名の採用を決めた。朝9時30分にジャカルタの中心の小さなホテルの広間で日本語とインドネシア語の書かれたパンフレットを技能実習生全員に配布し、雇用条件から日本語の勉強のこと家賃等を記載したものをプロジェクターで前面のボードに映し筆者が日本語で説明し、そののちインドネシア語で通訳が話して説明した。そして各法人がプロジェクター等を使用して10分間説明し、午前のスケジュールは終わった。午後1時から法人ごとにブースに分けて3名ずつ面接を行い、その面接が終わったのが午後4時。それから技能実習生に働きたい法人名を記載してもらい、各法人も採用したい人の番号を書いてマッチングをはかった。マッチングの方法も技能実習生の希望を優先するということで始めたので大変時間がかかり、午後6時半頃にやっと決まった。

写真 4-2　2019 年 1 月バンドン技能実習生送り出し機関で

次の日は、別の送り出し機関の訪問のため午前8時に列車に乗って約4時間かけてジャカルタ駅からバンドンへ向かった。バンドン駅から車で20分ぐらいの所にある送り出し機関を訪問した。列車も時速40～50キロぐらいなので車窓からはジャングルの中に所々田んぼや段々畑があり、眺めとしては心を癒されたが住んでいる住宅を見ると貧しい生活の様がありありと分かった。

バンドンは海抜700〜800mぐらいの高地にあり、アップダウンの多い静かな街だった。単車が多く赤土の道路が印象として残っている。標高が高いのでジャカルタとは違って日差しは厳しいが日陰は気持ち良く快適だった。日本語学校の見学をした。大変授業環境も整っており、ここで勉強すれば日本語能力も伸びていくと思った。

3月28日にジャカルタのホテルで送り出し機関が募集した看護師等の面接をし、その時19名が採用となったが、7月3日にジャカルタを訪問した時に日本語能力検定N4を取得できた人は15名だった。

残り4名は合格できなかったので、15名のみ日本に来てもらうことにした。そして、2020（令和2）年1月21日に日本に入国することができた。協同組合を設立して、組合員を募集し、実際にインドネシアの技能実習生が日本に到着するまでにかかった期間はちょうど3年だった。3年前に塚口理事長とNPO法人福祉サービス

写真4-3　2019年3月ジャカルタのホテルのホール

写真4-4　面接風景

経営調査会副理事長の野嶋さんと筆者とで雪の深い但馬の特別養護老人ホームなどを訪ねたのを思い出した。インドネシアでの介護技能実習生の採用は、日本語を習得している人を採用するものと思っていたがそれとは違って、看護大学や看護専門学校を卒業した人をリクルートして集めて、数日面接訓練を行い、そして採用となったならばそれから日本語を教えて日本語能力検定Ｎ４を取得するということだ。Ｎ４取得までに約8か月、遅い人なら約10か月は必要である。それからインドネシアの送り出し機関と日本の受け入れ監理団体との書類のやりとりがあり、役所へ提出する書類がたくさんあり、書類のやりとりが3～4か月かかるので面接から日本へ来るまでに約1年を要する。設立した監理団体には設立から技能実習生が来るまで一切監理費が入らないので、人件費と賃借料だけで２０００万円の赤字。その大きな理由は、書類をたくさん作成しなければならないことと人の配置がたくさん要るからだ。現在パートを含めて7人を採用している。これが技能実習制度における一つの問題だと思う。一番

写真 4-5　列車から見たバンドンの風景①
（2019 年 3 月）

写真 4-6　列車から見たバンドンの風景②
（2019 年 3 月）

大きな問題は送り出し機関が、技能実習生から徴収している費用である。一般に東南アジアで日本語能力検定N4まで取得するのにかかる費用は1年間の住まいと食事と日本語の講習料で1人20万円くらい。それを送り出し機関は、1人100~150万円取る所があり、そうなると技能実習生は親戚から借金するなり、市中の高利貸しから高い金利で借りて送り出し機関に支払うことになる。そのようにして日本へ来て、日本で安い時間給で働かされたなら借金は支払うことができず残業を多くし、在留期間が迫ってくると逃亡せざるを得ないことになる。技能実習制度についての最大の問題は送り出し機関にあり、次に問題なのは多くの書類を作成しなければならず、そのための人員をたくさん採用しなければならないので協同組合に支払う監理費が高くなるということである。協同組合に支払う監理費と送り出し機関に毎月支払う費用が少なくなれば、技能実習生に支払うことができる給料が多くなる。

　国は2019（平成31）年4月に特定技能制度を施行した。それは、大変素晴らしい

写真 4-7　バンドン技能実習生学校

写真 4-8　日本語研修風景

制度だと思われた。外国人が日本語能力検定N４を取得し、介護技術、介護の知識の試験に合格すれば直接日本の社会福祉法人と契約ができ、５年間日本人と同じ労働者として滞在が可能で、５年の間に介護福祉士の試験に合格すれば介護の永住権を取得することができるということ。そして日本に来てからは、登録支援機関がサポートするということなので書類等も簡単で、毎年６万人を受け入れるという内容。

特に、介護は年間６万人ということだったので、最大の問題である送り出し機関のぼったくりはなくなり、登録支援機関で働く職員の人数は少なくて済み、制度としては大変素晴らしいものだと思っていた。しかし、２０１９年４～12月迄の期間に介護職の特定技能者はたった２００人余りだった。なぜこうなったかというと、送り出し機関を必要としなくなったことによって、送り出し機関よりワイロを取っていた送り出し国の役人にお金が入ってこなくなり、役所が一切協力しなかったからと思われる。45年前から筆者は20年余り中国、東南アジアでビジネスをしたことがあり、当時ほとんどすべての国で許可認可を得るためには、役所にワイロを出さないと許可認可は得られなかった。日本の特定技能制度を作った役人は日本と同じであると思ったのだろうが、役人にワイロが入らないシステムを作っても東南アジアの国ではうまくいかない。厚労省は、現実がどうなっているかの認識が不足していると筆者は思う。相手国の役人にいくらかのお金が入るようなシステムを組み入れておけば、この制度はうまくいったと思われる。今後日本政府は、この制度を変更していくと筆者は推測している。

(３)　外国人留学生の採用

次に介護専門学校に入学してくる外国人について、これは外国人の語学留学とセットになっているケースが多い。日本の語学学校は、外国人の語学留学を東南アジアから募集している。その時に留学費として留学生は、

100万円ぐらい支払う。日本で就職ができ給料が高いとの宣伝にのせられて外国人は来る。1年または2年日本語を勉強して日本語能力検定N3またはN2を取得して、いざ就職をしようと思っても就職口はなかなか見つからない。就職できるのはほんの一部。なぜなら就職できる職業は限られているからである。一般の会社で働くことは不可能。それで語学留学で来た学生は、介護の専門学校へ入学したいと考える。介護の専門学校で2年間勉強し、5年間介護施設で働けば介護福祉士の資格を取得することができるからである。ここには大きな問題が2つある。一つは自分が介護という職業に向いているかということ。もう一つはお金の問題。介護専門学校の2年間の入学金と授業料だけで約180～200万円が必要になる。日本の語学学校に語学留学した時に100万円支払い、週28時間のアルバイトをして家賃と生活費を支払い手元にはわずかなお金しかないのにどうして200万円のお金を支払うことができようか。4月入学の場合、3月には入学金と1年分の授業料合わせて100万円が必要となる。専門学校へ行きながら、アルバイトをして生活費を稼ぎながら、学校の勉強についていかなければならない。学校の介護授業についていくのに学校から帰っても勉強しなければならないので、1週間に10時間くらいのアルバイトしかできないことになる。そして奨学金を借り入れる。これは兵庫県社会福祉協議会の奨学金。金額は168万円を数回に分けてもらえる。この奨学金は介護福祉士の国家試験に3回挑戦でき、それでも合格できない時は返済しなければならないものだ。そしてその連帯保証人に誰がなるのか。最近まで社会福祉法人がなることができなかったので筆者がなっていた。

EPAで日本に来る人、留学生として来て専門学校で介護福祉士の取得を目指す人、技能実習生として日本に来る人、特定技能として日本に来る人いろいろな道があるが、介護を長く続けてもらうためには必ず介護福祉士の資格を取得してもらわねばならない。なぜなら介護の永住権を取得することができるのは介護福祉士の試験に合格するしか他に道がないからである。例外として今は、介護専門学校を卒業して5年間介護施設で働く方法がある。

介護の永住権について筆者なりに説明すると、今から40年前に筆者が香港にビジネスでよく行った時に香港の友達から日本の国籍が欲しいと話されたのを覚えている。その時、香港人でお金のある人の多くはカナダ国籍を取得した。国籍取得後は奥さんと子供はカナダに住み、本人は香港でビジネスをする。お金の無い人はカナダ、オーストラリアの国籍を取得することができないので香港・中国国籍のままである。現在の香港の状況を考えれば40年前にカナダ国籍を取得していた人と香港・中国国籍の人との違いは分かると思う。この介護の永住権は国籍と同じような役割があると考える。介護の永住権で日本に配偶者や子供と一緒に住むことができ、これは将来役に立つ時がくると思う。自国で働く時においても日本語能力検定N2と介護福祉士の資格があれば、他の人よりも4割も5割も高い給料で採用してもらえると推測できる。

4つの制度を比較した場合にどれが一番良いかだが、外国人自身にとってと法人にとってとの両面から考えると、外国人にとってはEPAで来ることが給料その他の条件が一番良い。EPAの場合いろいろ計算すると、一人年間40～50万円は日本人の新入社員よりも雇用者側の費用負担が増える。

東京都や横浜は、補助金を一人月5～6万円出しているので外国人や法人の負担が少なくなる。筆者の法人がある姫路市は何も補助金はないので法人の家賃補助や国際厚生事業団への支払によって一人年間40～50万円は日本人の新入職員より費用がかかることになる。留学生で来て、介護専門学校に行くルートについては専門学校に入る入学金、授業料を誰が支払うかということだが、それは卒業した後に受け入れる法人が支払わなければならない。外国人と法人との間に契約書を交わして、もし他の法人に行くのなら法人が出したお金を法人に返済してもらうことになる。出資した法人に5年勤めるなら免除するという契約書を交わすことになる。奨学金の連帯保証人については、法人がなるので法人も介護福祉士の取得に向けてサポートしなければならない。技能実習生については、パート扱いとなり時間給いくらという処遇となる。ボーナス、処遇改善交付金、新特定処遇改善交付金をその中に含めて時間給を引き上げ、協同組合に支払う毎月の監理費と送り出し機関に支払う毎月の費用を日本人の正職員に支払う給料より引けば時間給が出てくる。姫路市のコンビニで働く時間給よりはだいぶん多く支払うことができるが、監理費が今の国のシステムでは高くつき送り出し機関にも支払いがあるので、残業なしで毎月10万円を本国に送るのが精一杯といったところだ。

特定技能がうまく起動すれば特定技能制度では、外国人に支払う給料も技能実習生より多くなり、登録支援機関に支払う費用も少なくて済み、これが最も良いシステムだと思われる。しかし、今のやり方は相手国の役人がときには違法だと知りながら、グレーあるいはブラックの非公式経済に留まったままでいるのはなぜだろうか。それは、彼らが置かれている状況では、公式経済に移行することは儲けにならないからだ。彼らは日々の経験を通じて稼ぎ方や問題の解決の仕方を学んできた。そのなかには、自分や知り合いが公式経済に登録しようとしたときに、どれだけ手間とお金がかかり、どれだけ見返りが少なかったかも含まれている。このことに何のメリットもないのでうまく動いていないのが現状だと推測する。

最後になったが、これから介護の現場は外国人に頼らざるを得なくなる。人材の国際化は当然の成り行きであるといえる。介護をしたいと希望する外国人に来てもらわないと介護施設はやっていけない。そして日本語のサポート、介護知識、介護技術のサポートをして日本語能力検定N2と介護福祉士の資格を取得してもらわないといけない。介護は他の業種と違って日本語での微妙で難しいコミュニケーションを必要とする。この微妙で難しいコミュニケーションを行うことによって利用者と職員の信頼関係が生まれる。

利用者や家族と職員との間は信頼関係が最も大切である。介護においては、法人と職員の関係は、人材育成が最も大切である。現在、外国人をどのくらいの割合で採用することができるかを筆者なりに計算してみると、正職員の20~30%が限度のように思う。なぜなら日本語の微妙な表現等がなかなか難しいのと、文章を書くことが苦手だからだ。日本語能力検定Ｎ２には日本語の文章を書くことでの問題はない。

以上のことを踏まえて考えてみると、マスコミは介護のイメージを悪くした責任がある。そのためには、これから育っていく若い世代に対して介護職の素晴しい所を報道しなければならない責任があると思う。いったん悪いイメージが作られると、大変困難ではあるが、それを払拭しなければ、今後介護職に就職したいと思う若者は増えない。専門学校で学んでいる学生は、約3分の2が外国人であることを知ってもらわねばならない。日本のマスコミの報道は、その報道が社会にどのような影響を与えるのかを考えていない。本当の報道とは、ある一面のみをとらえるのではなく多面的にとらえ、超高齢社会にあって、その社会を健全に維持するためには、十分な介護サービスが津々浦々に行き届くことがどれほど大切なことか、その介護を担う介護職が高い質を保持し、日本の高齢者の安心な老後を担保する役割を担っていることを報道し、今後日本としてはどうしていかなければならないかを示唆すべきだと考える。

注

（1） 社会福祉法人ささゆり会が経営する特養は、サンライフ御立を中心とした姫路市内の諸施設（グループ）と、サンライフ魚崎を中心とするグループに二分されている。

（2）日本語能力検定には、N1からN5までのレベルがある。一番やさしいレベルがN5で、一番難しいレベルがN1となっている。

（3）厚労省は、技能実習生の受け入れ・監理団体として社会福祉法人やNPO法人は認めない、という方針であったので、やむなく協同組合をつくった。この設立に至るまでの手続きは相当な労力を要した。この設立に要した費用はさくらケアサービスが立て替えた。さくらケアサービス株式会社は筆者が設立した会社で有料老人ホームを経営している。

（4）ベトナムの送り出し機関は最初5組織くらいに絞られていて、この組織は、自国民一人を送り出すのに日本円で100~150万円くらいの費用を徴収している。この費用負担は、実習生にとってはとてつもない負担であり、そのほとんどは、親や親族からの借り入れであると思える。実習生には、この借金の返済が重くのしかかり、この返済の見込みが立たなくなった時に実習先から逃亡し、闇の労働に就くことになる。なぜ、自国民が海外に働きに出るのに、100~150万円も徴収するのか、そのお金はどこに使われるのか大方の予想はつく。

（5）笹山勝則略歴

1954年3月　兵庫県生まれ
1976年3月　関西学院大学商学部卒
1977年11月　公認会計士資格取得　プライスウォーターハウス勤務
1993年1月　青山監査法人代表社員に就任
2006年9月　あらた監査法人代表社員

参考文献

小坂善治郎、塚口伍喜夫編著、笹山周作等共著『社会福祉法人の今日的使命』／2014．1／リベルタス・クレオ
塚口伍喜夫監修、笹山周作等編著『福祉施設経営革新』／2014．6／大学教育出版
笹山博司等編、笹山周作等鼎談『社会福祉を牽引する人物②』／2018．4／大学教育出版

第5章

高齢者は「住み慣れた自宅」で暮らせるのか

明路　咲子

1　在宅高齢者の現状――一人暮らし高齢者、高齢者夫婦世帯の増加――

内閣府が敬老の日にまとめたトピックスによると、わが国の高齢化率は28・4％と過去最高を示しており、いうまでもなく世界（201の国・地域中）で最高である。

総人口が前年に比べて26万人減少する一方で、65歳以上高齢者が過去最多の32万人増加した結果3588万人（男性1560万人、女性2028万人）となった。年齢階級別では団塊の世代を含む70歳以上人口が2715万人（総人口の21・5％、前年に比べて98万人増）、75歳以上人口は1848万人（同14・7％）、80歳以上人口は1125万人（同8・9％）となっている。

総人口に占める高齢者人口は1950（昭和25）年以降上昇を続けてきたが、そのスピードは世界でも例を見ない速さであり、第2次ベビーブーム期の世代が65歳以上となる2040（令和22）年には35・3％になると見込まれている。

こうした推計に見られるように、高齢化には拍車がかかり「超」がつく高齢社会が目前に迫っている。そして超高齢社会には数々の難題が待ち受けている。

それは、増大する高齢者の中でも際立つ1人暮らし高齢者（単独高齢者）や夫婦のみ世帯の増加である。

65歳以上高齢者のいる世帯を見た場合、1980（昭和55）年には世帯構造の中で三世代世帯の割合が最も多く全体の半数を占めていた。

2017（平成29）年度では、夫婦のみ世帯が32・5%（7731千世帯）と最も多く、単独世帯の26・4%（6274世帯）と合わせると6割に近い数値を示している。つまり、全世帯の10軒のうち6軒が高齢者だけで生活する世帯なのである。(1)

こうした単独世帯や夫婦のみ世帯にいたった理由、背景に何があるのだろうか。

1975（昭和50）年以降、単独世帯特に高齢者の単独世帯が急増している。

表5-1　年齢3区分別人口及び割合（2018、2019年）9月15日現在

区　分	総人口	15歳未満	15～64歳	65歳以上	うち 70歳以上	うち 75歳以上	うち 80歳以上	うち 85歳以上	うち 90歳以上	うち 95歳以上	うち 100歳以上
2019年											
人　口（万人）											
男女計	12,617	1,524	7,505	3,588	2,715	1,848	1,125	592	231	55	7
男	6,140	780	3,800	1,560	1,137	729	405	185	58	10	1
女	6,477	743	3,705	2,028	1,578	1,120	720	407	173	45	6
総人口に占める割合（%）											
男女計	100.0	12.1	59.5	28.4	21.5	14.7	8.9	4.7	1.8	0.4	0.1
男	100.0	12.7	61.9	25.4	18.5	11.9	6.6	3.0	0.9	0.2	0.0
女	100.0	11.5	57.2	31.3	24.4	17.3	11.1	6.3	2.7	0.7	0.1
人口性比※	94.8	105.0	102.6	76.9	72.1	65.1	56.3	45.5	33.4	21.2	14.8
2018年											
人　口（万人）											
男女計	12,643	1,542	7,545	3,556	2,617	1,795	1,104	569	218	51	7
男	6,152	790	3,818	1,545	1,091	704	395	176	54	9	1
女	6,491	753	3,727	2,011	1,526	1,090	708	393	164	42	6
総人口に占める割合（%）											
男女計	100.0	12.2	59.7	28.1	20.7	14.2	8.7	4.5	1.7	0.4	0.1
男	100.0	12.8	62.1	25.1	17.7	11.5	6.4	2.9	0.9	0.1	0.0
女	100.0	11.6	57.4	31.0	23.5	16.8	10.9	6.1	2.5	0.7	0.1
人口性比※	94.8	104.9	102.4	76.8	71.5	64.6	55.8	44.8	32.6	20.2	14.9

資料：「人口推計」
※）女性100人に対する男性の数
注）表中の数値は、単位未満を四捨五入しているた、合計の数値と内訳の計が一致しない場合がある
（以下この章において同じ）。

出典：総務省　統計トピックスNO.121「統計からみた我が国の高齢者」2019年9月

少子化や核家族化などの家族形態の変化、仕事（働き方）スタイルや生活スタイルなど人々の日常の在り方が大きく変化したことなど、人々の暮らしの基盤そのものが大きく変化したことが大きい。おおよその理由は、子どもたちの自立（別居）、子どもや兄弟など親族がいないなどである。

少し旧い（平成18年）データであるが、一人暮らしになった年齢を見ると、60歳未満で34・7％、60～69歳で36・1％、70歳以上が28・4％である。高齢者の一人暮らしが、多くの不安や心配ごとを抱えながら20年、30年という長い年月に渡っていることが分かる。それにしても、なぜ、一人暮らしが長引くのか。[2]

正式な調査ではないが周辺から聞こえてくるのは、「今はまだ大丈夫」ということである。一人になった時点ではまだ自立生活が可能であるし、自立できていれば一人暮らしの方が自由で気楽でいい、このまま一人暮らしを続けてもいいと考える人は多い。いずれにしても自身で日々の暮らしが成り立っているし（自立できている）、日常生活に今は問題はないためそっと現状維持を保っている。自立困難な事態になった場合にどう対処するのかという不安な気持ちは抱きながらも、曖昧にしたまま時間が経過（先延ばし）するケースは多いと思われる。高齢者が一人暮らしをする理由には個別的（個人的）な事情もあり多様なのである。別居する家族がいても関係が希薄になっており今さら同居はできない場合や、そもそも高齢で一人になった時点で、頼れる人物が傍にいないという高齢者も多い。

夫婦世帯も同様である。二人の方が気楽である。子ども家族は時々顔を見せてくれれば楽しい時を過ごせる。配偶者が亡くなり一人残された場合のことは追々考えようという世帯も少なくない。しかし二人で暮らせる心強さの中にも、高齢者が抱える特有の不安や心配ごとは一人暮らし高齢者と同様であり、この先に配偶者が亡くなり一人残される生活への不安は当然大きいものがある。

これらの高齢者の単独世帯、夫婦のみ世帯の増加現象は、超高齢社会における深刻な諸問題を想定せざるを得ず、その解決に向けた本気の取り組みが求められている。

2　高齢期における在宅生活へのニーズ

(1)　高齢者の思い

高齢化が急速に進み、家族形態や勤務形態など社会全体の在りようが大きく変化した今日では、人々が求める老後の姿もかってとは変化している。

１９７０年代に登場した在宅福祉という考え方や方策は、急速に進行する高齢化対策のひとすじの光明となった。国や自治体、福祉（地域福祉）関係者が期待を寄せ、研究、検討、実践に傾注しただけでなく、普通に地域で暮らす住民にも、年をとって不自由な身体になっても住み慣れた地域の我が家で暮らすことが可能なのだという考え方がある程度浸透することとなった。そして国は政策に地域福祉・在宅福祉の方向性を盛り込み改革を進めた。２０００年の介護保険制度のスタートは在宅で過ごせるのだという認識が一般住民の中で一歩前進した転機であったと思う。

しかし、20年という時間を経るにしたがって（今日では）、自立が難しくなった場合の自身の老後を託せる（頼れる）のは在宅福祉ではなく、やっぱり高齢者施設ではないかと考える人々の声が聞こえてくる。現状では自立できている高齢者自身であったり、高齢者予備軍の人々が、自立困難になった場合のわが身の居場所を考えてである。

高齢者施設はその機能や形態、そして必要とする経費も多様であるが、一般住民にとって在宅で老後を暮らすことへの不安より、漠然とではあるが（詳細はよく分からなくとも）老人ホームのような福祉施設の方が老後の安心安全を確保できるのではないかと感じている。施設生活にそれほど明るい老後を描いているのではなく、「在宅生活よりもまだ施設の方がましかも知れない」という程度だと考えられるが。その理由は、自身の最期まで在宅生活を望んだとしても、その在宅支援体制が見えない。在宅サービスに護られる老後の自身の姿が明確に見えない（可視化できない）からではないだろうか。ホームヘルパーなど断片的な在宅サービスについては理解できる情報も増えてはいる。しかし、さまざまな課題が予測できる老後の24時間、365日を託せるだけの「安心安全の形（形態）」が示されていないのである。今日では、介護施設の生活イメージは映画やテレビなどの画像を通して多くの人々に知られている。介護施設の形態やそこでの日々の暮らしは、全国どこの施設でも大きく変わることはなく、類型化していて見えやすくなっている。

しかし、現在の自分の家で24時間365日介護サービスを利用しながら生活している自身や家族の姿を想像するのは難しいのが現状である。

年をとっても住み慣れた地域のこの我が家で暮らし続けたいと願ってみても、それを可能にする方法やサービスが見えにくいのである。

在宅福祉サービスは住民に対して確実な安心感を与えるもの、認知される存在に至っていない。したがって、将来の自分自身の老後の居場所として最終的に思い描くのは、不本意ながら（本音は在宅志向であるにも関わらず）専門的な介護機能を備えている特養など高齢者福祉施設なのである。

それほどに、期待薄の我が国の高齢者福祉（介護保険、医療等）である。しかし、その高齢者施設にも、待機する高齢者は多く、老後の確実な居場所となりにくいのが実態である。その点も人々は分かり始めている。

(2) 高齢者の本音は

世間で流布する呟きのような情報と調査結果は一致するのだろうか。高齢者の本音は在宅志向である。にもかかわらず、まだ安心安全の在宅生活は明確には見えてこない。だからはっきりしているのは特養など施設である。そうは言っても、そう簡単には施設には入れない。やっぱりこのまま我が家で暮らし続けるのが、希望でもある。適切な策はないのか？というのが一般的な人々の思いなのである。

「介護が必要になった場合に誰に介護を頼むか」では（55歳以上の人）、男性は56・9％が配偶者を、女性は39・5％がヘルパーなど介護サービスの人を上げている。選択肢がすべて在宅を想定したものになっているので、特養などの高齢者施設を選択肢に加えていれば結果は若干違ったものになると思われる。[1]

また、「万一治る見込みがない病気になった場合、最期を迎えたい場所」（60歳以上の人）については、51％の人が「自宅」、次いで「病院・介護療養型医療施設」が31・4％、「特養等福祉施設」が7・5％であった。[3]

人々の本音は最期まで自宅で過ごしたい（在宅介護）が希望であるが、実際に自分の介護が必要になった場合に「どこでどのような介護を受けたいか」という問いに対して「自宅で介護を受けたい」は全体で73・5％である。内訳は「自宅で家族中心に介護を受けたい18・6％」「自宅で家族介護と外部の介護サービスの組み合わせ17・5％」「家族に依存せずに生活出来るような介護サービスがあれば自宅で介護をうけたい37・4％」である。[3]

しかし、先述のように在宅サービスの実態はこのような希望を可能にするには「とうてい難しい」、「無理でしょ」、「可能性は低い」などの声が筆者の周りから聞こえてくる。福祉や介護、医療などの関係者ではなく地域の一般住民が抱いているイメージである。彼らも介護保険制度に対しては、創設時に持った期待感を削がれる中身になりつつあることは情報として捉えているのである。特に、高度な（重篤な）自立困難状態になった場合に、在宅生活は安心して安全なサービスを受けることができ、住み慣れた我が家での暮らしが続けられるのか正確なイメージを描けないのが（一般）住民が持つ現実の姿である。

（3）　在宅サービスの利用状況を見る

実際に介護保険の利用実態から在宅福祉（居宅）サービス指向の傾向を見てみよう。

介護保険によるサービスの利用者は、２０００（平成12）年創設時１４９万人のうち居宅サービスは97万人であったのが、２０１７（平成29）年４月には４８８万人のうち居宅サービスは３８１万人、地域密着型サービスは80万人となっている。制度創設時と比べると３・３倍の増加である。（厚労省）居宅サービスの利用は施設サービスを大きく上回っている。高齢者の在宅生活指向の現れであるとも言えるし、絶対的な施設不足の結果でもあるのだろう。[4]

諸高齢者施設利用者数　（平成30年度社会福祉経営セミナー　塚口氏資料）

平成27年度統計では介護保険主要3施設の利用者数は９４９３０９人である。高齢者人口（65歳以上）３３８４万人の2・8％である。（特養では1・5％）　後期高齢者（75歳以上）１６３７万人の5・8％（特養でみると3・1％）である。

将来、主要3施設は増えるのか？　否である。増えない原因は①保険報酬が厳しすぎる②介護人材が集まらない（給料が安い）③市町村の財政窮迫など。

施設生活か在宅生活を選択するのか、これは高齢者本人の意思だけでは決められず、家族や親族の意思にも左右される。自立困難になった場合に、本人がずっと住み慣れた我が家でこのまま暮らしたいと願っても、家族はこれ以上の介護は負担が大きく限界であるとSOSをだす場合もあるだろう。

しかしこの数字からだけでは、高齢者が在宅生活（望んだ高齢期の自宅での暮らし）において、十分なサービスを受け豊かな老後を享受できたのかまでは推し量ることはできない。なぜなら介護保険制度には上限額（支給限度額）が定められているからである。上限額以上のサービス利用は自己負担である。結局は経済的に豊かな高齢者しか望むサービスは受けられないということである。

また、サービスの上限額まで使うことなど思いもよらない（枠いっぱいなどとても使えない）し、利用料が高くなることを恐れて使い控える貧困高齢者も多い。

在宅で、高齢者はどのようなサービスを利用しているのか。平成29年度介護給付費等実態調査（厚生労働省）から詳細を見てみる。

介護保険サービスを利用した高齢者（受給者）を年齢別に見ると、①85～89歳、②80～84歳、③90～94歳④75～79歳、⑤95歳以上、⑥70～74歳、⑦65～69歳の順に利用が高くなっている。

また、居宅サービスの利用傾向を、要介護状態区分別で見ると、要介護5の高齢者は訪問介護と訪問看護の利用率が他の介護度利用者と比べて高く、要介護度が低くなると通所介護サービスや通所リハビリテーションの利用が高くなっている（図5-1）。

さらに訪問介護サービスで使った内容からは、要介護3から5と介護度が上がるごとに、身体介護の利用割合が高くなり、逆に生活援助の利用は低くなっていることが分かる（図5-2）。また、以下の2点の調査結果から

平成30年４月審査分

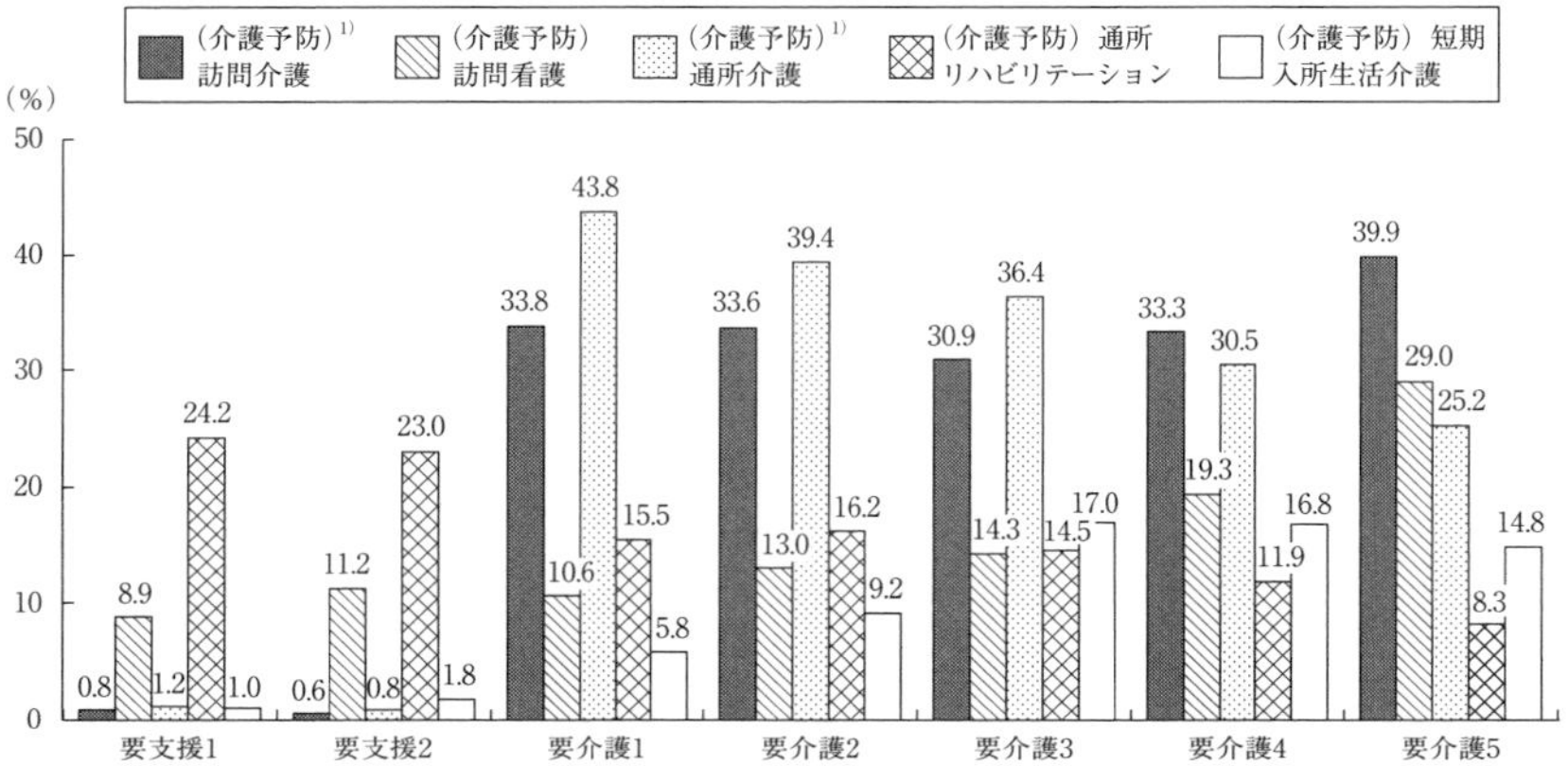

注：居宅サービス種類別受給者数の利用割合（%）＝居宅サービス種類別受給者数／居宅サービス受給者数×100
　1) 平成27年度の介護保険法改正に伴い、介護予防サービスのうち「介護予防訪問介護」及び「介護予防通所介護」は、平成29年度末までに「介護予防・日常生活支援総合事業」における「介護予防・生活支援サービス事業」に移行することとされている。

図5-1　要介護（要支援）状態区分別にみた居宅サービス種類別受給者数の利用割合

平成30年４月審査分

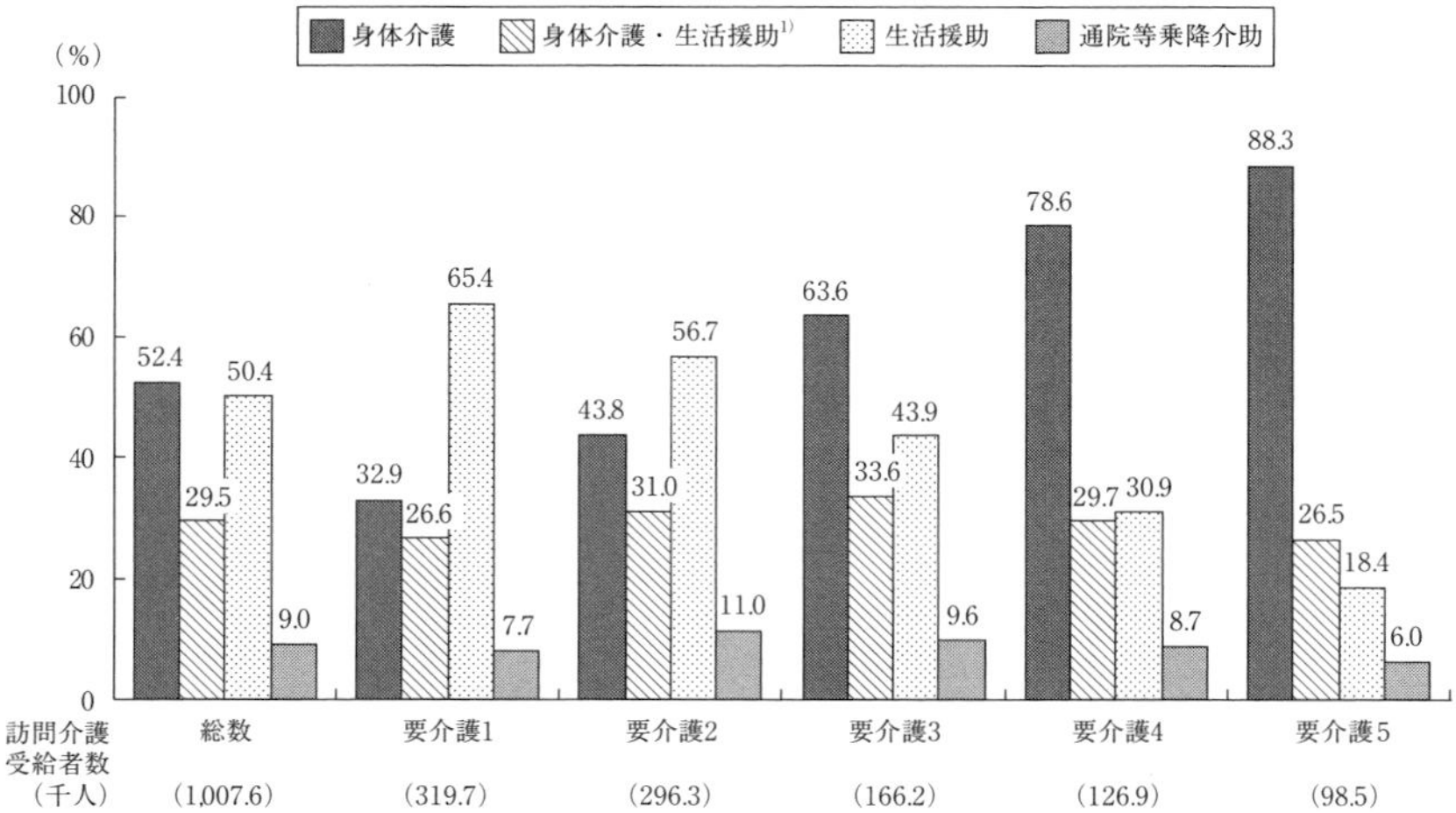

注：訪問介護内容類型別受給者数の利用割合（%）＝内容類型別の受給者数／訪問介護受給者数×100
　1)「身体介護・生活援助」とは、身体介護に引き続き生活援助を行った場合をいう。

図5-2　要介護状態区分別にみた訪問介護内容類型別受給者数の利用割合

も同様の要介護度による訪問介護内容の利用傾向を見ることができる（表５－２・表５－３を合わせ見る）[5]。

一人暮らし高齢者は介護度が低く、したがって依頼内容も家事援助の利用が高く身体介護の利用が低い。自分の身体についてのことは頑張って自分でやりたいということだろう。しかし入浴介助の利用が30％ちかくあることからは、そのうちに身体介護や家事全般の援助が必要になってくるだろう危うさも見えている。一方、夫婦世帯や三世代世帯では家族が家事を担っていると思われ、身体介護サービスの利用が多くを占めている。

一人暮らしの場合のサービス利用には自立意識が垣間見えるし、また家族が同居しているケースとのサービ

表5-2　要介護者のいる世帯の世帯構造別にみた要介護度の構成割合

要介護度	単独世帯	核家族世帯	夫婦のみの世帯	三世代世帯
要介護者のいる世帯	55.6%	71.3%	69.5%	76.4%
要介護１	18.0	15.6	17.2	17.6
要介護２	17.9	18.5	19.0	22.1
要介護３	9.1	16.3	14.5	17.4
要介護４	6.9	12.2	12.2	10.9
要介護５	3.8	8.6	6.6	8.5

出典：第一生命経済研究所　Life Design Report Winter 2012.1

表5-3　高齢者の単独世帯、夫婦のみ世帯、三世代世帯によって訪問介護に依頼する内容

	単独世帯	夫婦のみ世帯	三世代世帯
１位	掃除（46.7％）	入浴介助（33.8％）	入浴介助（21.9％）
２位	食事の準備　37.6％）	洗髪（30.6％）	掃除（17.3％）
３位	買い物（32.6％）	身体の清拭（17.1％）	洗髪（16.3％）
４位	入浴介助（29.5％）	散歩（8.5％）	食事の準備（11.7％）
５位	洗濯（25.8％）	口腔清潔（6.7％）	身体の清拭（10.2％）

出典：第一生命経済研究所　Life Design Report Winter 2012.1

ス利用の傾向が異なっている。上手に適切に援助を求めることは大切だ。

次に、訪問看護の利用を見てみよう。

平成29年7月5日社会保障審議会介護給付費分科会資料によると、訪問看護の利用者数は1ケ月あたり約42・2万人であり近年著しく増加している。[6]

高齢者全体の伸びの中でも、要介護度1、2の高齢者利用の増加が大きい。これは、在宅で介護度の低い時に訪問看護を使って病状の悪化や重篤化を予防する効果となっていると思われる。介護度が高い高齢者の重篤な症状や最期の看取りは在宅では難しいケースもあり、家族の意向なども絡んで、在宅医療から医療専門施設に移行している。高齢者や家族の側にも、最期の看取りは病院で行うものという認識が今ではまだ多いのであろう。いずれにしても、高齢になるほど医療ニーズも高くなる在宅高齢者にとって、訪問看護サービスは不可欠のサービス（支援）となっている。

超高齢社会では、介護は医療との連携が必須であるが、医療系における訪問看護サービスは、生活に密着したきめ細かい医療援助としての存在感が大きくなっている。

具体的な利用内容をみると、介護度が高くなるにしたがって「家族等の介護指導・支援」「身体の清潔保持の管理・援助」「排泄の援助」「口腔ケア」等の利用が多い。これら以外にも、病状の観察、本人の療養指導栄養・食事の援助、認知症・精神障害に対するケア、嚥下訓練、呼吸ケア・肺理学療法など医学サイドから専門ケアが実施されている。

利用者が訪問看護師に求めているのは、①24時間対応してくれること、②相談に乗ってくれること、③必要に応じて医師に相談してくれること、④予防のための指導や助言をしてくれること、⑤いつも決まった看護師が対応してくれることなどである。

このような看護サービスであれば、在宅の高齢者や家族にとっては心強い存在であるし、これから待ち受けている超高齢社会では、需要が伸びるサービスだと考えられる。

福祉用具貸与は要介護度４から５になると「体位変換器」や「床ずれ防止用具」の貸与の割合が多くなっている。

３　在宅高齢者の総合的支援

多様で複合的な課題を抱える高齢者（殊に一人暮らしや高齢者のみ世帯）の増加に対し、思い切った対策が進まなければ、生活のさまざまな場面で問題をひき起こし事件や事故がますます多発することは明らかである。介護難民や棄老などという言葉が飛び交うようでは先進国の名が泣くだろう。

我が国の長寿世界一の背景には、食事や衛生意識などの生活習慣に加えて、医療の進歩があると言われている。加齢とともに心身の老化が進み、基礎疾患が重篤化したり合併症を併発する。また新たな病を発症し命を取り留めたものの後遺症が慢性化するなど、高齢者は介護ニーズと医療ニーズを併せ持っている。高齢者の生活には介護だけではなく医療分野の支援を切り離しては考えられない。〝我が家で最期まで〟という高齢者のニーズには、介護と医療が一体となった在宅対策が必須となっている。

(1) 高齢者と在宅医療の方向

高齢者にとって在宅医療とはどのようなものなのか。在宅医療に何が期待できるのだろうか? 病院医療とどこが違うのか? 従来の往診とどう違うのか? 高齢者や家族にとっては素朴な疑問である。

川越正平は「在宅医療の価値は高齢者の尊厳と生活の質に置かれる」と言う。(7) それは家族への負担を軽減し、症状が急に悪くなった時に対応できる「24時間365日の安心の提供」に他ならない。

我が国では、高度経済成長(1970年代)を背景に病院数やベッド数が急増し、それに伴い往診を中心とした在宅医療は減少していった。結果として自宅での看取りから病院での看取りが人々にとって普通の姿となった。(滋賀・在宅医療の現状と課題)

しかしその後、急速な高齢化に対してベッド数の増加が追いつかず在院日数が短期化することになった。そして退院した高齢者や長期化する持病を抱えた在宅高齢者は確実に増加している。

病を抱え(要介護状態で)居場所を失いつつある高齢者は、「病」を治療したり療養する場や、「人生の最期」を穏やかに迎える場を具体的にイメージできないために、不安は増幅するばかりである。自宅(我が家)で人として穏やかに迎える「最期」への支援、そしてそこにいたるまでの安心、安全の過程への支援は、在宅医療の重要な役割であろう。

先述の内閣府調査では、介護を受けたい場所は自宅が73・5%、人生の最期を迎えたい場所は自宅が51%であり在宅への希望(願い)は強いものがある。現実には(2011年)、最期の場として病院76・2%、自宅12・5%、特別養護老人ホーム4%等となっていて圧倒的に病院が多くなっている。(1976年には自宅45%、病院45%

と同率であり、その頃から病院が自宅を上回り逆転している）

因みにアメリカでは最期の場として、病院41％、自宅31％、施設22％。オランダでは病院35％、自宅31％、施設33％であり、比較すると我が国の「病院が死亡場所」は突出している。「自宅で最期を」というニーズと実態には大きな乖離がある。

高齢者が病を持ち、長い療養や治療を自宅でおくる生活を支える手段は、医療だけで担えるものではない。また介護だけでも、福祉だけでも支えきれない。当然である。高齢者、人間、生活を取りまくあらゆる支援、手段が必要だからである。さらにそのあらゆる手段がバラバラではなく繋がって支えることが重要である。医療は介護を福祉を保健を必要とする。介護は医療を保健を必要とする。複合的で複雑なニーズを持つ高齢者の在宅での支援は、各専門職との堅固な連携の下で推進されるべきものである。言い換えれば在宅で高齢者の介護生活を担ってきた介護従事者にとっても、医療専門者とのスクラムは力強いパワーとなって前進できる。

住民は介護保険制度の普及のおかげで、訪問介護（家事援助・身体介護）や訪問看護についてはある程度の知識は持っている。しかし、在宅医療となると往診くらいの認識しかないと思われ、「症状が悪くなると入院しなくてはならない」という既成観念が強い。

在宅医療は、自宅を病室にということでもある。何某かの障がい（虚弱で病身）を持つ高齢者や家族にとってこの上ない環境と言えるだろう。

(2) 地域包括支援への動き

① 地域包括ケアシステム(介護と医療の連携)

超高齢社会で高齢者の在宅生活を支援する基盤に置くべきは、医療・保健と介護が一体になることだ。多様な機能が連携した一体的な(包括的な)ケアの在り方については、高齢社会の到来が予測された時点から検討や論議は始まっていた。国は超高齢社会を見据え、総合的な高齢者の生活支援対策として、2005(平成17)年の介護保険法改正では地域包括ケアシステム構想を打ち出した。在宅の高齢者を地域でみんなの力で支え護るということである。

今日の高齢化の特徴は単身高齢者や高齢者夫婦世帯や認知症高齢者などが目立って増加しており、介護ニーズや医療ニーズは2000年時の予測を超えて増大している。加えて団塊の世代(約800万人)が75歳以上となる2025年(令和7年)への危機感は大きく、2025年対策として検討されてきた施策である。

(さらに1971年から1974年に年200万人以上生まれた団塊ジュニア世代が、2040年前後に65歳を迎え、団塊の世代は2025年から2040年にかけて75歳から85歳以上に移行していき、高齢化率は30%を超え伸び続ける。)

「地域包括ケアシステム」構想は、「2025年を目途に高齢者の尊厳の保持と自立生活の支援の目的のもとで可能な限り住み慣れた地域で、自分らしい暮らしを人生の最期まで続けることができるよう、地域の包括的な支援、サービス提供体制の構築を推進する」としている。構想は、市町村(都道府県)の自主性、主体性により地域の特性に応じたシステムを構築するというもので、「医療」、「介護」、「住居」、「生活支援」、「予防」という5つの要素が一体となって、要介護状態になった高齢者が、住み慣れた地域で最期まで自分らしい暮らしができるよう支えていくことを目的としている。

このシステムにおいて、自治体単位と圏域単位に置かれた地域ケア会議は、推進会議やカンファレンス（情報共有や事例検討）の場である。主に地域包括支援センターが担う。

医療は以下の機能をめざしている。①退院支援（入院医療機関と在宅医療機関の協働）②日常の療養支援（多職種協働により患者や家族を支える観点からの医療の提供）③急変時の対応（緊急往診体制、入院病床の確保）④看取り（患者が望む場所での実施）

介護は介護が必要となった場合に、自宅への訪問や自宅から通所あるいは入所による介護を受けられる体制を整える。在宅系サービス（訪問介護、訪問看護、通所サービス、小規模多機能型居宅介護、24時間対応の訪問サービスなど）と施設・居住系サービス（介護老人福祉施設、介護老人保健施設、認知症共同生活介護施設など）を提供する。

介護予防・生活支援では老人会、自治体、ボランティア、ＮＰＯ法人などが主体となって、カフェやサロンの開催、配食＋見守り、安否確認、食材配達等を行う。

総括的に高齢者を支えるという概念は、１９８０年代に医療と福祉の連携の下に「高齢者の寝たきりゼロ」をめざして広島県御調町が実施し

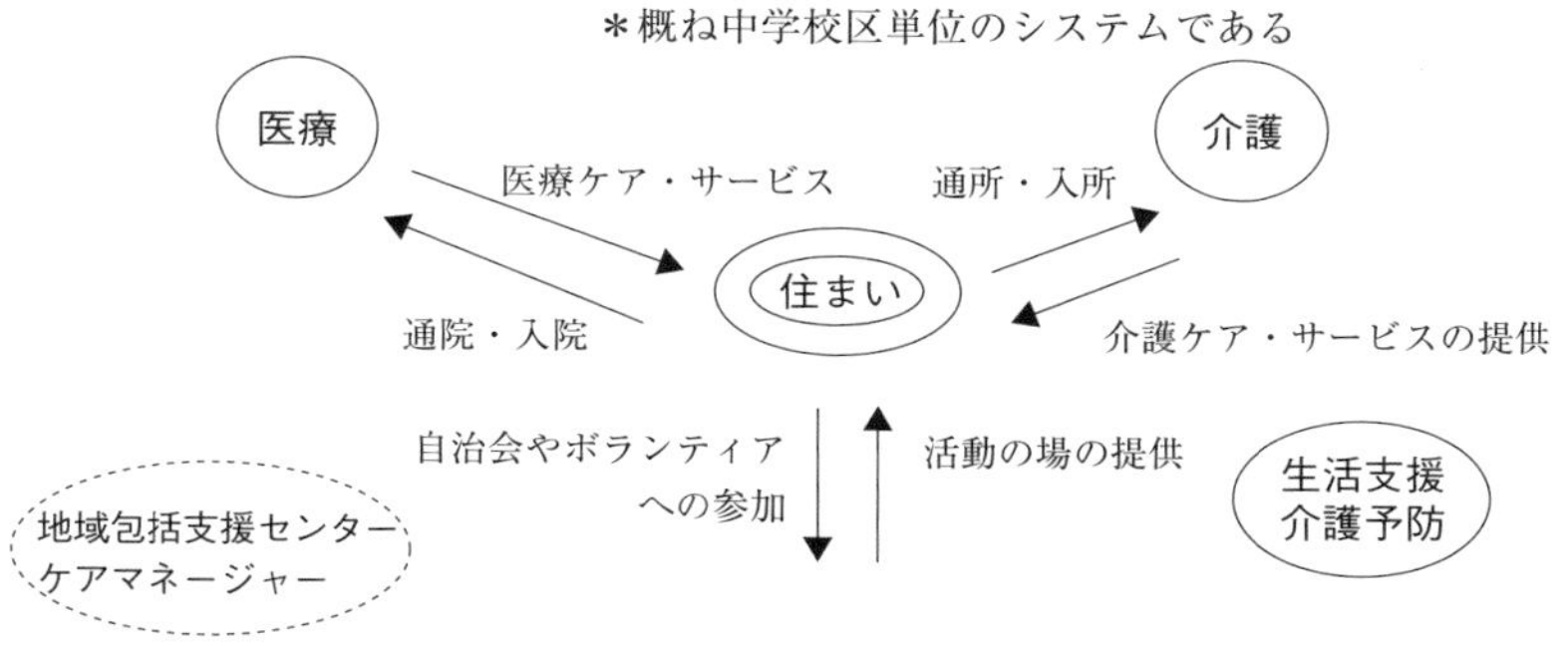

図 5-3　地域包括ケアシステムのイメージ

た取り組みが手掛かりとなった。その当時、在宅高齢者ケアについて同様の課題を抱えて模索していた全国各地の自治体では、この御調方式に倣うところがでてきた。

２０００年の介護保険制度の開始とともに、介護や福祉サービス、医療サービスに加えて、高齢者の自立生活を支援するためには生活支援も一体となった仕組みの必要性が注目されたという経緯もある。

高齢化の進行度や状況が大都市、中都市、過疎地等によって地域差があることから、取り組みは自治体の主体性に委ねられた。したがって、国が示しているシステムの概要をベースに、自治体はそれぞれの地域の特性を活かしたシステムを構築している。２０１４年に「医療介護総合確保推進法」が施行、２０１８年には全国市町村での実施が進んだ。

取り組みの主な内容は、在宅医療従事者の負担を軽減する支援（在宅医の研修、養成、情報共有システム等）、在宅医療・介護等多職種の連携体制強化、在宅医療に関する住民への普及啓発、在宅看取り提供体制の充実など、自治体ごとの創意で組まれている。

昨年末に、筆者が暮らす地域で開かれた「在宅医療介護市民フォーラム―在宅で人生の最期をイメージする」にたまたま参加する機会を得た。そのプログラムは地域医療に携わる医師による「在宅で医師ができること」、訪問看護ステーションの看護師による「在宅で訪問看護師ができること」、地域包括支援センターによる「地域相談窓口の紹介」などであった。

住民向けのフォーラムであるが、高齢者が在宅で生活するにあたって抱えている不安に応える内容の情報や講演、配布資料にも丁寧な配慮がうかがえた。初歩的な住民向け啓発活動だと思われた。地域包括支援センターごとのエリアで実施されているとスタッフが教えてくれた。

今にして思えば、地域包括ケアシステムの一環としての地域住民向け啓発事業だったのだと、恥ずかしながら認識したのであった。

住民向けの良質な啓発事業であったが、「地域で一体となって在宅高齢者を支援していく仕組み」であること（地域包括ケアシステムの取り組みの一環）の説明はなかった。一体感というより、在宅医療の医師や訪問看護ステーション、地域包括支援センターがそれぞれ実施している活動を住民に周知している印象なのだった。

医療と介護と福祉が連携して住民の安心の老後を支えているという確固とした存在感を見える化することが大切である。

高齢者は（利用者は）、ふだんは訪問介護、訪問看護、訪問診療など、それぞれの職種（従事者）が別々に自宅を訪れることが多い。

在宅で寝たきりになっても、認知症になっても、長期療養になっても、利用者にとって介護サービスも医療サービスもワンチームで支援してくれているという「姿」が見えることで、もっと信頼感と安心感が増すだろう。多くのサービスに関わる人々が一緒になって、高齢者が暮らす地域で支えてくれているという実感が高齢者や家族にとって大切なのだ。住民が存在を知って頼りにすること、そして自ら希望して利用すること、そして利用者の声（感想や意見）を伝えること。そのことが個々のサービスやシステムを強固にし、関わる従事者の質を高めていくのではないか。地域の中に住民の中に定着すること、根を張ることが地域のシステムには必要である。

ある自治体では、このシステムや役割が住民に充分に周知されていなかった。そのために症状が重度化してしまってから住民が相談してくることが多々あり、相談時点ではすでに手遅れで、状態の改善が難しくなってしまうケースが出てしまった。このことは早期発見や予防にも結び付きにくいなどの課題として残ったという。

現段階では、地域包括ケアシステムの総体的な評価や総括（全国的に）を見ることはできない。しかし、在宅の高齢者を地域で総括的に支援しようとする、特に在宅医療と在宅介護が連携し一体となって取り組もうという方式は評価されるのではないか。２０２５年を目途にしたこの取り組みは、２０１８（平成30）年には全国市町村に実施がいきわたり、その後「地域共生社会の実現」に組み込まれ、強化をめざすこととなった。

②「地域共生社会の実現」と地域福祉計画

２０１７（平成29）年6月、複合化した課題を抱える個人や世帯に対する支援や「制度の狭間」の問題など、既存の制度による解決が困難な課題解決を図るため、地域住民による支えあいと公的支援が連動した包括的な支援体制の構築を目指し、地域包括ケアシステムの強化のための介護保険法等の一部を改正する法律により社会福祉法が改正された。

> 地域共生社会とは、制度・分野ごとの『縦割り』や「支え手」「受け手」という関係を超えて、地域住民や地域の多様な主体が『我が事』として参画し、人と人、人と資源が世代や分野を超えて『丸ごと』つながることで、住民一人ひとりの暮らしと生きがい、地域をともに創っていく社会（平成29年2月7日　厚生労働省「我が事・丸ごと」地域共生社会実現本部決定）とされている。

基本コンセプトは、地域包括ケアシステムの理念である「必要な支援を包括的に確保する」を高齢者だけではなく、障害者、生活困窮者、子ども・子育て家庭など地域全体に普遍化しようというものである。

地域包括ケアシステムへの評価を推し量ることはできない。おそらく優れた実践を進めた市町村や、まだ緒に就いたばかりで評価はしにくい市町村もあると思われる。全国の市町村において一応実施体制が整った段階で、「地域共生社会の実現」構想に位置付け強化を目指した。

高齢者施策として進められた「地域包括ケアシステム」の理念を他の福祉分野にも普遍化し、「地域共生社会の実現」において全世代・全対象型地域包括支援体制を構築するとしている。

任意であった市町村の地域福祉計画策定は努力義務となり、地域福祉計画は地域共生社会の実現を目指した地域福祉の推進計画であると位置づけられた。高齢者、障害者、児童等の各分野の共通的事項を定め、他の分野別計画の「上位計画」と位置づけられている。

「地域包括ケアシステム」の理念は地域福祉計画にきちんと位置付けられ今後さらに強化していくと謳っている。

「地域包括ケアシステム」は介護保険制度所管の老健局老人保健課が、「地域共生社会の実現」は地域福祉計画所管の援護局地域福祉課が所轄である。

社会援護局地域福祉課は改正社会福祉法について、「複合化した課題を抱える個人や世帯に対する支援や「制度の狭間」の問題など、既存の制度による解決が困難な課題解決を図るため、地域住民による支えあいと公的支援が連動した包括的な支援体制の構築を目指し、地域包括ケアシステムの強化のための介護保険法等の一部を改正する法律により社会福祉法が改正されたところである」としている。これを読んで一瞬違和感を覚えた。解決が困難な課題解決を図るため、地域住民による支えあいと公的支援が連動し…とある部分である。解決困難な課題解決に、なぜ公的支援が先にこないのか。公的支援と地域住民による支えあいが連動して……ではいけないのか。国民の抱える課題を解決すること、解決を支援することは公的機関（国や自治体）の第一の仕事、役割ではないのか。ここではあえて地域住民に花を持たせて先にあげてるのか。公的な国や自治体はお金はしっかり出すので住民に頑張ってほしいということだろうか。

「住民、頑張れ」のメッセージが法律や関係文書にはしっかりと示されている。

こうして我々（国民、住民）の福祉、介護、医療など生活に関わる重要な仕組みが変化をしている。しかし、その動きは容易には住民に届かない。なぜ「地域包括ケアシステム」が必要なのか、なぜ「地域共生社会」を実現させないといけないのか、「地域福祉計画」は必要なのか。難しい名称まで知らせる必要はない。しかし、住民に周知し、認識を深めることは重要なことである。市町村の広報誌やホームページには掲載はされているはずではあるが、どうも形式にしか見えない。地域包括ケアシステムにしても啓発、広報もされていたはずだが、おそらく住民への啓発や広報に割かれる時間や経費は最小限におさえられているのではないか。さまざまな取り組みや事業を見ても事業の推進にめいっぱいに見えてしまうことが多い。肝心の主役である住民への周知が後回しに、疎かになっているように思われる。取り組みをもっと「見える化」し、住民に関心を持ってもらうことこそ大事ではないか。「住民に事業や計画を理解してもらうこと、地域に浸透させることはなかなか難しい」とは担当職員の声である。幅広く時間をかけて周知し理解を深めていくことが必要であろう。

（3）訪問看護サービスの充実強化を

①　訪問看護サービスへの期待

多様で複雑なニーズを持った高齢者がそれでも在宅で生活をしたいという望みを叶えるためには、繰り返しになるが介護、保健、医療など多様な支え（サービス）が必要であり、かつそのサービスは一体的に提供されることが必須要件となる。

それには多職種の連携や協働がなければ進まない。高齢者の在宅援助に関わるのは、ケアマネージャー、介護系ではホームヘルパー、医療系では訪問看護師、理学療法士、医師、薬剤師など多くの人材がいる。中でも連携の核になるのは訪問看護師とホームヘルパーである。在宅における生活支援の視点で支えるホームヘルパーの存在に加えて、医療サイドから支える訪問看護師への期待は大きくなっている。

超高齢社会では、介護度の重度化、療養期間の長期化が想定され、在宅医療における訪問看護サービスと主にそれを担う訪問看護師の役割と存在はさらに大きくなる。当然医師の存在も重要であるが、利用者や介護スタッフを医師につなぐ看護師の役割は大きい。以下では介護サービスとともに高齢者の在宅生活にとってますます需要が高まっている訪問看護サービスに注目してみたい。

訪問看護サービスの始まりは、１９９２年（平成４年）老人保健法の改正で登場した「老人」訪問看護ステーション制度である。２０００（平成12）年の介護保険法によって居宅サービス事業に位置付けられた。「訪問看護ステーションの事業運営に関する調査詳細」から訪問看護ステーションの現状と課題を見る。

近年、その訪問看護サービスの利用は増加が著しい。介護保険により訪問看護サービスを提供する訪問看護ステーションの事業所数は２０１４（平成26）年２月現在で６９９２ヶ所であり増加傾向にある。(8)開設主体の割合は２０１２（平成24）年10月時点で、医療法人36％、会社組織32・6％、社団・財団法人12・0％、社会福祉法人８・１％、地方公共団体９・１％、協同組合３・２％となっている。(9)看護職員（常勤換算）数からその規模を見ると、３人以上５人未満が48・２％、５人以上７・５人未満が22・4％、２・５人以上３人未満が18・１％、７・５人以上が11・３％となっており、小規模な事業所が３分の２を占めている。(9)

ステーションにはその他に保健師、理学療法士、作業療法士などが配置されている。

②　訪問看護ステーションの現状は

さて、訪問看護ステーションはこの大いなる期待に応えられるのか。いくつかの調査報告から訪問看護ステーションの現状と課題を確認したい[10][11]。

訪問看護ステーションの事業所数は増えているが、訪問看護師の確保が難しいという課題がある。従業員数5人未満の事業所が約半数であり、事業経営も強固ではないところも多い。事業展開も限られる。そのまま細々と事業を継続する事業所も、起業後数年で休止・廃業となるパターンもある。調査結果は、事業の安定、拡大について「事業規模の拡大には資金調達の工夫や努力も大切であるが、積み重ねた看護実績をもとに、地域に根ざした明確な事業プランと運営方針を確立することが重要である。」と指摘している。

人材確保や人材の育成についてはどこも課題を抱えている。看護師の確保に苦労する一方、ＯＴやＰＴは増える傾向にある。

大都市圏を除けば、全国的に慢性的な看護師不足であり、訪問看護を希望する人材は少ない。ナースセンター（平成４年に「看護師等の人材確保の促進に関する法律により都道府県ごとに設置）やハローワークなどを利用しても看護職員の採用は簡単ではなく、訪問看護ステーションの規模拡大を阻害する大きな要因となっているという。

このように人材難の状況にあり、多くの訪問看護ステーションにとって人材確保が最大の課題となっている。これには、訪問看護ゆえの理由がある。

訪問看護を志望しない理由の一つに、病棟勤務（病棟での看護）とはまったく異なるサービスの特性があることによる。病棟のようなチーム看護体制や設備・機材がないためオンコール（急患時の対応待機）、緊急時対応の難しさや緊張感など精神的・身体的負担が大きい。また在宅看護であるため利用者や家族等の生活全般に関わり支えることなど高度なマネジメントやコミュニケーションを求められる。さらに医師、ケアマネージャー、ヘルパーなど多くの関係者との密接な連携が必要である。病棟看護とは違い、看護技術に加えてこうしたさまざまな能力を備えた人材の確保は事業者にとってかなりの難題となっている。

訪問看護サービスは訪問介護サービスとともに高齢者の在宅生活を支える役割に大きな期待が持たれているが、抱えている課題は重い。事業経営上の課題はこうした人材確保以外にも、資金の調達に関する課題も大きい。さらに日常の活動に目を向けると、チーム体制の整備や事業内容などにも課題は多い。

24時間対応や看取りは在宅医療にとっての大切なメニューであるが、看護師自身が職務として避けたい気持ちもあることは否定できないという。

看取りについては、「老化に伴う自然な死に方を利用者や家族など多くの人が知らない」「病院でないと死ねないと思っている」など自宅での看取りについての理解から受け入れへの導入、穏やかな死を迎える過程を支え、どのように看取っていくかの手助けを丁寧に進めていくことが大切だという。「いつも見てもらっている先生に脈をとってもらいたい」という利用者の思いも受け入れるためには、日ごろからのかかりつけ医との連携が大事である。在宅訪問診療医師とはもちろん、ケアマネージャー、介護職との連携協力も不可欠である。

（4）必要な連携とその難しさ

「一体」や「包括」には、連携がセットとして考えられる。

複合的なニーズをかかえている高齢者の支援には多様な組織、団体が関わることになる。別々の働きよりも、一体的で総括的な働き（支援）の方が効果として優れたものを生み出すことは自明の理である。そこにはサービス事業者や団体、組織、その従事者たちの連携が必須の要件となる。それはトップレベルで決定されるが、在宅支援の場で実際に連携が具体化されるのは実働レベル（職種間）においてである。

しかし、連携をするにあたっては何かと軋轢がおきやすい。はじめからスムーズに進まないことは多くの人が経験することである。恐らくさまざまな人間関係や力関係がもたらす事象なのだろう。連携はお互いを正しく理解する作業に時間をかけること、正確な基本情報を交換し先入観を払拭したり、誤解を解いたり、共通の認識を深め、同じ土俵から始めることが重要である。

地域福祉や介護の分野においても長年にわたって、医療分野や保健分野との包括的、総合的、一体的等々の言葉を配した取り組みが提案され、実践が試みられた。連携の必要性も強く求められた。しかし福祉、介護分野はなかなかリーダーシップのとりにくさを感じてきた。福祉、介護より医療が上位にあるという感覚、ジレンマを常に持ち続けてきたからだと考えられる。今日では多少は軽減されているかもしれない。

超高齢社会を目前にした今こそ、医療の視点との協働がさらに重要性を増している。それぞれの専門性を尊重し活かしつつ、強く自信を持って福祉、介護の専門性を発揮することが求められている。

重要なことは、お互いの領域を尊重し切磋琢磨し、各々の領域でその力（専門性）を発揮しようとする気構えであり気概、気骨、意欲である。

地域包括ケアシステムに関わる従事者のアンケートに、相手が上から目線である、見下しているなどの声があったが、高齢者の生活（命）を支えるという視点は上も下もない。

介護福祉士はれっきとした国家資格者である。にもかかわらず病院では「看護補助者」と呼ばれる病院があるという。まだそうした認識の下で介護職と看護職が同じ職場にいるとしたら、上下意識がはびこる要因になるだろう。改善にむけての工夫が必要だ。

介護分野も医療分野も人材が不足しており、その人材を確保できずに苦しんでいる。人材がいないわけではない。社会的評価や働き方（子育て）の問題、賃金やアイデンティティ（誇り）などなど課題が山積しているのだ。それらがひとつずつでも改善できれば人材は集まる。その改善は一事業者の努力では到底達成できない。国は本気で国民を護ろうとしているのであれば、人材を護ることに目を向けなければならない。

人手不足の解決とともに必要なのは多職種の連携である。連携は知恵も労力も効果的に働く。1プラス1が3になる。連携は効率的で効果的な機能のアップにつながるものである。連携は人材不足問題解決の手段でもある。

参考文献

（1）内閣府　令和元年版高齢社会白書
（2）内閣府　世帯類型に応じた高齢者の生活実態等に関する意識調査
（3）内閣府　平成30年度高齢社会白書
（4）厚生労働省　平成30年度公的介護保険制度の現状と役割
（5）小谷みどり「ひとりで暮らす高齢者の問題」
Life Design Winter 2012.1 第一生命経済研究所
（6）社会保障審議会介護給付費分科会資料　平成29年7月5日
（7）川越正平「在宅医療の現状と課題」日本内科学会雑誌第12号　平成26年12月
（8）厚生労働省　介護給付実態調査　平成26年4月

（9）厚生労働省　平成19年、24年介護サービス施設・事業所調査
（10）秋山正子「訪問看護の現状と課題」
（11）訪問看護ステーションの事業運営に関する調査詳細
全国社会福祉協議会「地域共生社会の実現に向けた地域福祉計画の策定・改訂ガイドブック」２０１9年3月

第6章 高齢者に対する社会保障制度の現状を切る

野嶋　納美

1　年金給付削減は、愛国心を失わせる政策

最初にわが国の社会保障制度がどのような経過をたどって、今日の制度になってきたのか、その果たすべき役割と機能等の概要を整理したい。

(1)　最初に社会保障とは

日本国憲法第25条第1項「すべて国民は、健康で文化的な最低限度の生活を営む権利を有する」。日本国憲法第25条第2項「国は、すべての生活部面について、社会福祉、社会保障及び公衆衛生の向上及び増進に努めなければならない」。とし、わが国で初めて社会保障制度という言葉が示された。この時点では、具体的な定義が示されたものではなかった。具体的定義が示されたのは、内閣総理大臣の諮問機関として設置された社会保障制

度審議会の１９５０（昭和25）年の「社会保障制度に関する勧告」で提起されたもので、その中で、社会保障制度とは、「疾病、負傷、分娩、廃疾、死亡、老齢、失業、多子その他困窮の原因」に対し、保健的方法または直接公の負担において経済保障の途を講じ、生活困窮者に陥った者に対しては、国家扶助によって最低限度の生活を保障するとともに、公衆衛生および社会福祉の向上を図り、もってすべての国民が文化的社会の成員たるに値する生活を営むことができるようにすることと定義し、このような社会保障の責任は国家にあるとした。

この勧告が出された当時は生活保護が社会保障の大きな柱であったが、１９６１（昭和36）年にはすべての国民が公的な社会保険制度や年金制度に加入する「国民皆保険・皆年金」制度が実現し、その後も高度経済成長の下で、高齢者福祉、障害者福祉や児童福祉制度が整備されていった。

このように社会保障の拡充、拡大が図られる中で社会保障制度の目的は、「１９５０年勧告」当時の貧困からの救済や貧困に陥ることの予防といった「生活の最低限度の保障」から貧困、防貧を超え、「広く国民に安定した生活を保障するもの」へと変わっていった。

１９９３（平成5）年の社会保障制度審議会「社会保障将来像委員会第一報告」では、社会保障とは、「国民の生活の安定が損なわれた場合に、国民にすこやかで安心できる生活を保障することを目的として、公的責任で生活を支える給付を行うもの」とした。

この報告を基に、社会保障制度審議会では、１９９５（平成7）年に「社会保障体制の再構築に関する勧告―安心して暮らせる21世紀社会を目指して」を取りまとめ、この中で社会保障制度の新しい基本的な理念として、「広く国民に健やかで安心できる生活を保障すること」とし、国民の自立と社会連帯の考え方が社会保障制度の基盤であるとした。

（出典　平成29年版　厚生労働白書から）

(2)　年金は国民が健康で文化的な生活を営み安心して老いるための糧

現在では年金制度は、国民が健やかで文化的な生活を保障するものとして、国民の自立と連帯によって支えられている制度で国民の老後を支えている。

①　公的年金制度の概要

被保険者数　平成29年度末現在

国民年金1号被保険者数	1505万人
厚生年金被保険者数	4358万人
国民年金3号被保険者数	870万人
計	6733万人

受給者数　平成29年度末現在

国民年金	3484万人
厚生年金保険（1号）	3506万人
厚生年金保険（2～4号）	475万人
計	7465万人

受給者の平均年金月額　平成29年度末現在

厚生年金保険（1号）　14万5千円
国民年金　5万6千円
（出典　平成29年度厚生年金保険・国民年金事業の概要から）

②　高齢者世帯の所得水準

年々増加している高齢者世帯の所得金額は2014（平成26）年1年間の所得金額で見ると297・3万円で年金が214・7万円で7割以上を占めている。

多くの国民は、若く元気で働けるうちは家族、家庭、地域を支えて今日の社会発展に寄与してきた。現役を退き退職後の生活は、大多数の人が長年に亘って掛け続けてきた年金で細々と地道な生活を続けているというのが多くの高齢者の生活実態であると思われる。

その少しばかりの年金は、平均余命の伸びに伴う年金給付の増加と労働力人口の減少らによる保険料収入の減少を給付で調整する仕組みである「マクロ経済スライド」が導入されている。物価変動率、名目手取り賃金変動率がともにマイナスで名目手取り賃金変動率が物価変動率を下回る場合は、新規裁定年金、既裁定年金ともに物価変動率によって改定することになっている（平成29年度の年金額改定では0・1％引下げが行われた）。

逆に、物価変動率、名目手取り賃金変動率がともにプラスで物価変動率が名目手取り賃金変動率を上回る場合は新規裁定年金、既裁定年金ともに名目手取り賃金変動率によって改定することになっている（平成31年度の年金改定では0・1％プラスで改定された）。

以上のように年金給付費の増加と保険料収入の減少によって、負担と給付のバランスが悪化することがないように、負担と給付を均衡させるための調整が行われている。

つまり賃金が物価を下回る場合に年金額の削減が行われる仕組みになっており、今後経済が低迷し不安定な社会情勢が続く場合には年金給付額が年々削減される。永年営々と努力を重ねてきた結晶が消滅していく。一方、年金が給付されるこの年齢は医療を必要とする機会が増加し、加えて介護等に多額出費のが予定される中での生活の糧である年金給付額が削減されては、これからの老後生活に赤信号がともり、やがて灰色となり、自分を信じ、国を信頼し今日まで営々と重ねてきた努力が水泡に帰し、誰しもが大切にしなければならない人を思う気持ち、国を思う心情が薄れ、亡国論に繋がらないかと懸念する。

２　年金で「健康で文化的な最低限度の生活」は保障できない

(1)　公的年金制度の課題等

平成29年度に支給された厚生年金保険（1号）年金受給者３５０６万人、一人当たりの平均年金月額は14万５０００円で国民年金３４８４万人の一人当たりの平均年金月額は5万６０００円と健康で文化的な生活を保障するに値する金額にはほど遠い金額と言わざるを得ない。

なお、厚生年金（夫婦２人分の老齢基礎年金を含む標準的な年金額）は、平成31年度新規裁定年金月額では22万１５０４円となっている。

１９６１（昭和36）年に皆年金保険制度が確立して以来56年が経過した今日においても、国民年金一人当たりの平均年金月額は5万６０００円（平成29年度末現在）と低い金額となっている。農業、漁業等に従事する自営業者は事業から引退しても事業を引き継ぐ者があり、所有する資産等を活用すれば安定した老後が予定できるとして低い金額に設定されたようであるが、当時の社会経済情勢の下ではそうであったかもしれないが、地方は若者を都会に送り出す役割を果たし、今日では若者のいない高齢者社会となって集落の存在さえ危ぶまれる厳しい状況下にある。健康で文化的な生活どころか、特に地方では高齢化が進み多くのところで高齢者夫婦のみの世帯か高齢者単独世帯が多くなっている現状を考えると、健康で文化的な生活を保障する国家的な手立ての検討が必要となっている。

また、わが国が世界に誇った終身雇用制度も規制改革の名の下にいつの間にか非正規雇用が進み、特に女性の場合は正規職員化、従業員化が進んでいない。

厚生労働省が毎年実施している26~35歳の男女を対象に結婚後の就業状況を尋ねた調査で、男性は99・3%が仕事を続け、正規の職員・従業員が85・1%であったのに対し、女性は81・4%が仕事を継続しているが、正規の職員・従業員が57・6%と約4割強が非正規職員と不安定な状況下にあることを報告している。

今後ますます少子高齢社会が進展し、人口が減少し働き手が少なくなっていく社会となっていくことが明らかになっているにもかかわらず、働きたくとも不安定な身分でしか働けない雇用の仕組みを改善し、人をもっと大切にする雇用形態を確立し、将来が保障される社会保障制度に変え、安心して結婚ができ、子育てや教育のできる社会環境を整備することが喫緊の課題であるといえる。

(2) 誰しもが安心して老いられる年金制度とするために

年金は現役を退いた後の生活を保障する制度として国民の自立と社会連帯の下に制度の改善を図りながら今日を迎えているが、給付の現状は長くなった老後を健康で文化的な最低限度の生活を保障する制度にはほど遠い存在であると言わざるを得ない。

今後急速に少子高齢社会と人口減少が進み、ちなみに15年先の２０３５年には65歳以上の世帯の70％近くが一人暮らしか、高齢者夫婦のみの世帯になると見込まれている。このような社会であっても自分の老後を託せる年金制度として確立するためには、雇用制度の改善など一人ひとりが大切にされる社会の形成、税の在り方や再配分の検討が急がれる。更には努力を重ねても掛金の支払いが困難な者に対する国庫支出金の充当など一定の年齢になれば誰しもが一定額の給付を受けることができる制度として制度設計するなど制度の拡充強化を図り、誰しもが努力を重ねれば自分の老後を託せる制度として安定させなければならない。そうすると多くの国民は安心して働き、家庭を築き、子供を産み育てる好循環社会が繰り返されていくと思う。危惧される少子高齢社会の進行が進む中でも社会保障制度として定着し、介護が必要となる時期を迎えても、現在国で進められている地域包括ケアシステムの構築と相まって、永年住み慣れた地域で家族とともに安心して生活できる福祉社会の形成に繋がるものと考える。

３　責任を取らない年金機構に任せられるか　積立金が管理できない無能力さ

厚生年金記録の不適正処理問題や職員の収賄事件、国民年金保険料免除等の不適正処理、無許可専従などの服務違反などの社会保険庁問題。更には厚生年金会館の設置、運営等を行う年金福祉施設事業や旧年金福祉事業団が運営していた大規模年金保養基地（グリーンピア）事業などの年金福祉施設事業等をめぐる問題など様々な問題発生の経緯等から２００７（平成19）年６月に社会保険庁改革関連法案（「日本年金機構法案」および「国民年金事業等の運営の改善のための国民年金法等の一部を改正する法律案」）が可決、成立したことに伴い日本年金機構が設立された（２０１０（平成22）年1月1日設立、同日付で社会保険庁廃止）。

社会保険庁長官が行うこととされていた業務は厚生労働大臣が行うことに改められるとともに厚生労働大臣は日本年金機構に権限の委任および事務の委託をして行うこととした。

公的年金制度は、全国民の強制加入により世代間扶養と所得再分配を行う仕組みであり、安定的な運営のためには国民の信頼に応えることのできる組織の運営体制が不可欠である。このため社会保険庁を廃止し、厚生大臣が公的年金に係る財政責任、管理運営責任を担う一方、新たに非公務員型の年金公法人を設置し、厚生労働大臣の直接的な監督の下で、一連の運営業務を担わせることとした。この公法人においては、能力と実績に基づく職員人事の徹底、民間企業へのアウトソーシングの推進等によりサービスの向上および効率的かつ効果的な業務遂行の実現を図ることとした。

社会保険庁は職員採用に絡む三層構造の問題や無許可専従などの職員団体問題、地方事務官制度に係る問題など組織としてのガバナンス問題、国民の大切な財産を預かっているといった使命感の欠如といった諸課題を解消し、国民の信頼を回復していく手段として年金機構や年金積立金管理運用独立行政法人を設置し、管理運営に当たっている。しかし、国民の加入が義務付けされた公的年金制度の事業実施に関し、厚生労働省本省は公的年金制度に関する総合的な企画立案、年金特別会計の管理、個別の保険料、年金給付額等の決定、システムの保有、総括管理などを行う。日本年金機構は公的年金に係る一連の運営業務、年金積立金管理運用、独立行政法人が年金財政上必要な収益を確保する財産運用をそれぞれが役割を分担し管理運用することになっている。しかし、国民に信頼されるものとして機能し、その役割を果たしているのであろうか。

２００９（平成21）年1月に現在の実施体制が施行されて10年が経過するが、現在の実施体制が当初の計画どおりその役割を分担し機能しているかどうかについて検証し、現在までの10年間の成果や課題などを国会に報告、審議する中で、明らかになった事項、改善すべき事項など、これまでの成果と課題、今後の展望などを明らかにし、国民の意見等を今後の事業運営に反映していく道筋を明確にしていく必要があるように思われる。

現在の公的年金制度全般の企画立案、財政責任、管理運営責任を厚生労働省本省が、適用徴収、記録管理、給付等の公的年金に係る一連の運営業務を日本年金機構が担っているが、例えば年金記録問題や年金福祉施設事業、グリーンピア事業等の「年金福祉還元事業」のように目的を逸脱した事業や年金福祉施設が異常に格安な料金で買収、移管、更には年金積立金の運用等を誤って損害を出した場合や給付額を誤って永年に亘って支給し続けた場合など誰がどのようにどのような責任を取るのか。国民の自立と社会連帯に基づく公的年金制度の執行状況と責任体制を明らかにする仕組み、組織を明確に整備していく必要がある。

前回のように多大な損害を与えているにもかかわらず誰も責任を取らない執行組織だけに責任を転嫁するようなことでは、健康で文化的な最低限度の生活を保障する公的年金制度の管理運営は任せられない。

公的年金制度は日本国憲法が規定している社会保障制度として、すべての国民が健康で文化的な最低限度の生活を保障する制度として国が責任をもって企画立案し、管理運営する体制整備の構築が求められている。

年金制度が、健康で文化的な生活を営み安心して老いられる制度となるためには、非正規雇用者の増加等に伴う年金額の少額化や一人暮らし老人世帯等家族形態の変化や、農業等産業構造の変化など国民の多様な生活形態に対応するものでなければならない。多くの国民が老後の生活は公的年金で安心して生活を託せる制度として再構築することが、国民が安心して働き結婚、子育て等将来の生活に夢と希望が持てる体制を整えることが、生活意欲を高め、社会の連帯感を生み、愛国心を育てる社会形成に繋がり、急速に進む少子高齢社会の緩和に繋がるものと考える。

4　最後の砦　生活保護制度はますます形骸化する

生活保護は、憲法第25条に規定する健康で文化的な最低限度の生活を営む権利を保障するとともに、自立を助長することを目的としている。生活保護は他法に基づく社会保障を含め、その利用し得る資産や能力その他のあらゆるものを活用してなお生活に困窮する者を対象としている。

生活保護は、生活扶助、教育扶助、住宅扶助、医療扶助、介護扶助等8種類あり、日常生活を送る上で必要となる食事や居住費、治療費などが必要な限度で金銭給付または現物給付で支給される。

支給される生活保護費は厚生労働大臣が定める基準により最低生活から収入を差し引いた額が支給されている。

被保護世帯等は、２０１６（平成28）年11月現在で２１４万世帯、生活保護受給世帯数は１６４万世帯で、65歳以上の者のみで構成されているか、これらに18歳未満の者が加わった高齢者世帯が83・8万世帯で51％を占めている。

また、生活保護受給者２１４万世帯のうち65歳以上が45・5％と約半数を占めている。なお、この時点の全国平均保護率は１・69％となっている。

（出典　厚生労働省社会・援護局保護課被保護者調査から）

このように生活保護受給者、生活保護世帯とも高齢者が多く占めている理由は、人口の都市化に伴う農林水産業の衰退や生活意識の変化に伴う家族形態の変化、終身雇用の減退や非正規雇用の増加等雇用形態の変化など、社会が複雑多様化する中では働きたくとも働けない高齢者が社会的弱者として社会の片隅に追いやられ、支給される公的年金も少額で生活が成り立たず生活保護を受給するに至ったものと考えられる。

このように高齢者の生活保護受給が高い理由は、最低限の生活を支えるべき公的年金が、社会保障として不十分な結果といえる。

団塊の世代の先頭が75歳となる２０２２（令和４）年には一人暮らし世帯の高齢者が大幅に増加し、一人暮らし社会を迎えるとも言われている。75歳という年齢はまだまだ元気で働いている高齢者も多いが、高齢による体調の変化等からリタイアする年齢でもある。この人達が、健康で体力的にも働くことも可能で、相当の預金があり、生活に足りる年金がある場合には何ら問題はないが、預金も少なく、年金の受給も少額で生活が困難な者、健康を害し働くことも困難な者の場合は、明日からの生活が維持できなくなることは明白である。

国立社会保障・人口問題研究所「日本の世帯数の将来推計」によれば、２０３５年には、一人暮らし老人等高齢者単身世帯は15・4％の79万８０００世帯と推計している。

今後ますます一人暮らし老人等高齢者単身世帯が増加することになるが、これらの人達は戦後の荒廃した日本から今日の社会的、経済的土台を作り上げてきた人達であり、急激な産業構造や社会的変化に円滑な順応が難しく生活に余裕もなく、働きたくても働けず、支給される年金も少額で明日の生活が維持できず、最後の砦である生活保護の受給を申請しても受給条件が厳しく、自ら死を選ばざるを得ない現状が生まれている。これも一重に社会保障制度が不十分であるがゆえの結果であると思われる。

生活保護制度が国民の最後の拠りどころとして機能し、憲法に保障する健康で文化的な最低限度の生活を営めるよう、独居老人等が安心して生活できる状況を確保する必要がある。少なくとも一人寂しく死亡している事例が生じるようなことがあってはならない。

5 高齢者にとって現状の社会保障は屁の突っ張りにもならぬ

(1) 社会保障制度の目的、役割とは

わが国の社会保障は、健康で最低限度の保障を行うものから国民の生活の安定が損なわれた場合に、国民に健やかで安心できる生活を保障することを目的として、公的責任で生活を支える給付を行うものとして、維持されてきた。

また、社会保障の役割として、病気、失業、老後の生活費など個人の力だけでは備えることに限界がある生活上のリスクに対して、生活を守っていくことが社会保障の役割だとしている。

また、社会保障の機能としては、一つには、生活のリスクに対し生活の安定を図り安心をもたらす生活安定機能、二つには、社会全体で低所得者の生活を支える所得再分配機能、三つには、景気変動を緩和し経済を安定させる経済安定機能があるとされている。

(2)　社会保障制度の実態

わが国の社会保障制度は叙述のとおり生活保護が中心であったものから１９６１（昭和36）年に「国民皆保険、皆年金」制度が確立し、その後も高齢者福祉、障害者福祉、児童福祉等制度の拡充に伴って国民生活の安定を保障する制度へと進展し、広く国民に健やかで安心できる生活を保障するものとして発展してきた。

しかしながら多くの高齢者の生活を支える公的年金制度は、その役割、目的を果たしているのであろうか。家計にあまりゆとりはないが心配なく暮らしている高齢者も多いが、家計にゆとりがなく心配な世帯も多く、公的年金制度がその目的や役割を果たしているのか課題も多いように思われる。

また、社会保障制度の役割として病気や障害、老後の生活費が不足するリスク等に対して、社会全体で国民の生涯にわたる生活を守っていくことが社会保障の役割とされているが、現実問題としてその役割、機能を担っているのであろうか。

社会保障がその役割、機能を果たしていくためには社会の進展に対応した制度への転換とそれに対応する税の投入等財源措置が必要になる。しかし、高齢者の生活を保障する公的年金制度はその多くが設計当時のままで現実の生活を補填する制度にはほど遠い存在であると言える。

例えば、国民年金は農林業、商工業など自営業者を対象として運営されている。当時の世帯は夫婦と子供２人の世帯が主流であったが、今日では高齢者単独世帯や高齢者夫婦のみの世帯等が多くを占める現状からは不充分で、所得再配分機能を果たしているとも言いがたい。

昔、農業に従事し国民年金に加入してきた人達で、自分の子供達が農業を継いで農業で生活できる人は極めて少ない。大方の人達は高齢で農業を離れると生活に必要な収入はなくなり、体の動く限り無理を重ねて生活をしてきた体はいつまでも無理ができるわけではない。病気とともに明日からの生活に困り果て必要な生活費を得るため生活保護を申請しても土地や家屋があるではないかと生活保護を受給できない高齢者も多くみられる。

これらの人々は、戦後の荒廃した日本の再建に懸命の努力を続けて来られた方々でもある。その方々が高齢とともに生活の糧をなくし、生活保護を申請しないと生活が成り立たない、申請しても他法優先で受給できないなど困難に直面しているケースも多いのではないか。

長くなった老後を安心して生活できる仕組み、制度にすることが社会保障制度の役割、機能であってほしい。社会の構成員として努力を重ねてきた人々が住み慣れた地域で安心して生活できない、そんな社会では国民は安心して働けないし、結婚して子供を産み育てていくといった希望はますます遠くなり日本の少子化はどんどん進んでいき希望の持てない寂しい国にならざるを得ない。

２０１９（令和元）年12月、東京江東区の集合住宅で72歳と66歳の兄弟が電気、水道が止められ食べるものもなく見過ごされ、やせ細って困窮死していた事件が報道された。

この事件は、単に東京という大都会の集合住宅で起きた事故では片づけられない。人がもっと大切にされなければならず、出生から死に至るまで人が社会全体から大切にされる意識が希薄しているように思えてならない。

また、先日の報道によると東京高検検事長の定年を半年間延長する措置がなされたと報じている。一般の検察官の定年は63歳と法律できめられているという。それを時の政権に忖度する人材を検事総長に充てるための閣議決定であるとも伝えている。

政治的中立性が強く要請される検察官人事に政権の都合の良い人事が介入されるようなことは決してあって

はならない。現在のわが国に法律、秩序、国民を大切にする社会的意識があれば、このような人事はできないであろうし、国民の血税である予算を自分達の都合の良い事業に充当するような愚かな行為はできないであろう。

現在、子育て支援や社会保障の基盤を強化しあらゆる場で誰もが活躍できる、全員参加型の社会を目指す「一億総活躍プラン」の実現に向けた検討が進められている。誰もが家庭や職場、地域で生きがいをもって活躍できる社会の構築に向けて、国民一人ひとりを大切にする意識を国を挙げて醸成する必要がある。

日本よりも人口も大幅に少なく小さい国であるフィンランドでは、出産間近の家庭には赤ちゃんの着るものや寝具、必需品などが国から支給され、社会全体が子育て支援をしている。フィンランドは2年連続して幸福度ランキングで世界一に輝いているという。

わが国も人の命を大切にする土壌、風土を育て、その上に立って誰しもが安心して活躍できる社会の構築が求められている。

このことが、わが国が直面している少子高齢化という課題に歯止めをかけることに繋がるものと考える。

第7章

このままでは、近い将来介護難民があふれる

明路　咲子

急速な高齢化の進行に社会保障は追いつけず先細りつつある。近づきつつある超高齢社会において、高齢者は自立困難に陥る危険に直面している。

高齢者を自立困難な状態に追い込む原因（理由）は以下の4点にあると考える。

一つには、身体機能面の衰えにより自立が困難に（行動力、活動力の低下・要介護状態）

二つに、認知機能面の衰えにより自立が困難に（認知症の発症）

三つに、収入の減収により経済的自立が困難に（貧困状態）

四つに、粗悪な環境（家族・住居・地域）により自立が困難に（孤独、孤立状態）

高齢者の自立とは、それ相応の健康を維持し、高齢という年齢なりにも家事ができ、人づきあい（様々な人間関係の構築）ができ、地域でそれなりの役割があり、趣味や娯楽なども楽しめる。それが高齢者の自立であり、充実した老後と言えるのだろう。しかし、果たしてどれだけの人がこうした老後を過ごし、「長生きして良かった」と言えるのだろうか。

心身ともに健康で（身体的自立）年老いたとしても、経済的自立、環境的自立がままならないならば、健康であった心身までも自立困難に陥る危険性が大きいのである。

1　一人暮らし高齢者世帯、高齢者夫婦世帯の生活を困難にする背景と実態

高齢期では、単身であっても夫婦など二人世帯であっても日常生活における不安や心配ごとなどないという世帯はまれであろう。健康（病気）状態、あるいは介護が必要となった時のこと、生活のための収入、家事の負担、災害時の行動、人間関係（家族、親族、地域など）などなど加齢による心身の衰えとともに、あらゆる場面で不安や心配ごとがついてまわり、不自由で困難な事態に追い込まれるものである。そして、その不安や心配は杞憂に終わらず、現実のものとなって様々な事故や事件を引き起こしている。

(1)　不安定な住宅環境（不適切、不良、老朽化）―老後の居場所として―

高齢者の住宅環境は在宅介護や在宅医療に必要な老後の居場所として不可欠の要素である。その住環境について、内閣府調査によると、65歳以上の高齢者の持ち家率は借家住まいよりも高いことが分かっている。持ち家率が高いことが利点とばかり言えないのは、要介護状態になった場合に、持ち家がバリアフリー等の住宅改修がされていないことが多く、その時点で障害となるからである。また単身高齢者の場合、持ち家で困るのは、広すぎて管理が大変であり、自分の死後に家の処理をどうするかなどの課題も抱えることになる。生存中に手放すなどの処理ができず、方針も曖昧なまま空き家として放置されるケースが多く今日では社会問題化している。手放す

にはそれなりの理由があってのことであるが、経済的にも親族との関係性においても良好でない環境が推察できる。

さらに、持ち家を手放し賃貸住宅に移るにしても、高齢者が入居できる賃貸住宅の絶対数が少ないという事情もある。身寄りが少ないために連帯保証人がいないなどの理由で高齢者が賃貸住宅を借りることは容易ではない。

他にも高齢者の住宅に関わる問題点は多い。長年居住してきた賃貸住宅は古くなり傷んで改善されないまま住み続けている、家賃を滞納してしまう、火事を起こす、誰にも看取られず孤独死で発見される等々である。賃貸住宅にしても持ち家にしても高齢者が安心して暮らしたい居場所の前には様々な課題が立ちはだかっている。

高齢者の火災絡みの事故や事件は深刻で、内閣府の調査によると住宅火災における死者数の7割強が65歳以上となっている(1)。

また、若い時に比べて、高齢期には自宅での転倒や怪我など住居に関わるリスクも大きい。

老後を過ごす住宅についての不安や懸念もついてまわる。現在の住居に最後まで安心して住めるのか、介護が必要になった場合の住構造としてはどうか。老後の安心安全の居場所であるべき住生活について解決すべき課題は多い。

要支援、要介護の身であれば必要となる〝24時間、365日を支える在宅サービス〟は現状では大変心もとない状況にある。老後の住み家（居場所）をどこに定めるのか、人生のどの時点で確保するのか、確実なことはだれも想定できにくい状況にあるのが実態である。借家であっても持ち家であっても、すべての人にとって安心安全な老後のための在宅サービスの利用は可能なのか、高齢者施設の利用は可能なのか。それらの壁の前で、高齢者は在宅生活を諦めるのか。そういうわけにはいかない。

(2)　社会からの孤立・孤独死

高齢者にとっては住宅問題とともに、生活の場である地域環境や近所付き合い、あるいは外出手段も在宅生活を左右する大きな要素である。

高齢者の外出手段としては、全体の6割近くが「自分で運転」したり、徒歩も約6割と多くなっている。地域別では都市部では「徒歩」が7割、「自分で運転」が4割弱、「電車」が4割弱である。都市部ではコミュニティの地域性や利便性が高齢者の外出を後押し（支えて）していると思われる。[1]町村部では「自分で運転」が6・5割強、「徒歩」が4割強、「家族が運転する自動車」（2・5割弱）である。

この所、自動車の運転で高齢者が事故を起こし加害者となるケースが目立っている。高齢者の行動や活動、社会参加を考慮した外出支援などの対策が急がれる。

あわせて高齢者の生活においては、地域の付き合い（近隣の人々との繋がり具合）は重要な意味を持っている。地域の中で孤立してしまいやすい暮らしぶりは、一人暮らし高齢者に多く見受けられる。一人暮らし高齢者は、毎日会話することがない、頼れる人がいない、頼られることがない、社会的な活動に参加していないなど他の人々との関係性を窺わせることが少なく、夫婦のみ世帯に比べても社会的な孤立に陥りやすい生活である。たとえ家では一人暮らしであっても、となり近所に挨拶を交わしたり顔なじみの住民が存在することは、なによりの精神的な支えであり安心である。経済的な支援を求めたり、具体的に手を煩わせるのではなく、周りに慣れ親しんだ人たちがいるという安心感は大きい。単身世帯高齢者や夫婦のみ世帯高齢者には、孤立をしないための

〝つながりあう絆づくり〟への援助は欠かせない。

阪神淡路大震災や後の自然災害時でも被災高齢者に対して、住み慣れた地域から離れた仮設住宅への優先的な入居が進められた。そして、ようやく仮設住宅のコミュニティになれてきた頃に仮設住宅から復興住宅に移ることになり、築いた住民間の繋がりがその都度切れることになった。新たな近隣住民との関係性を築けないまま自宅に閉じこもり、多くの高齢者は孤立し、結果として多くの孤独死を出すことになったのである。

人間、特に高齢者にとっての住環境（住まい）は、家・住居という入れ物だけではなく、地域（コミュニティ）という人と人との繋がりが重要な要素であることを我々は再認識したのである。

孤独死は「誰にも看取られることなく息を引き取り、その後、相当期間放置されるような悲惨な孤立死」（内閣府・高齢社会白書）である。独居の高齢者だけではなく、夫婦や兄弟など高齢者ばかりの世帯でも一人が死亡した後、残された一人も亡くなるなどの例は少なくない。一人であっても二人であっても社会や地域から孤立していることによって起きうることである。

内閣府の調査によると、高齢者自身（60歳以上）が孤立死を自分の身にも起きうる身近な問題として感じている。特に一人暮らし高齢者は半数以上と多くが孤独死を身近に感じている。一人暮らし高齢者にとってのもっとも大きな不安である。夫婦のみ世帯でも3割強、その他世帯（二世代、三世代世帯など）も3割強が身近に感じるとしている。(1)

高齢化が急速に進み一人暮らしや夫婦世帯など高齢者の世帯が増加している今日、高齢者の地域における孤立問題には、住宅問題や近隣関係なども含めた総合的な国、自治体の対策が求められる。もちろん、そこには地域住民の支援（絆）も重要な要素ではある。住民としての義務や責任は当然果たすべきであるし、誰にとっても豊かで暮らしやすい地域づくりへの参画は必要である。しかし、今日の複合化し重度化、深刻化している高齢化問題のどこまで住民が参画できるのか。今や地域も住民は高齢化し、弱体化しているのが現状であり、地域活動やその取り組みには多くの地域が苦渋している。国や自治体は活動の基盤において全面的（予算、環境）に援助をした上で、地域に対して協力や工夫を求めてほしい。

「支えあう」ことや「連携」することを国や自治体行政が当然のように住民に対して言及すること、求めることには大きな違和感を覚える。当然ながら住民にも自律、義務、責任はある。しかしそれは自己責任ということ（個人、地域集団いずれにしても）ではない。基盤に公的なインフラを整えるという国の義務、責任があってこその住民の自律、義務、責任である。

(3) 在宅における介護問題

高齢による心身の衰えがもたらす最大の課題は介護問題であろう。高齢者は多様で複雑かつ複合的な障害を抱えこみ、その結果深刻化した介護問題が家庭内の事件や事故を引き起こすことも多い。一人暮らし世帯や夫婦のみ世帯にとっては、家庭内で解決できる問題ではなくなっている。

みんなが長生きをする時代である。介護される側も介護する側も高齢になっている。

高齢の夫が高齢の妻を介護するケース（高齢の妻が高齢の夫を）、高齢の子（もしくは嫁）が高齢の親を介護する例、高齢の姉妹兄弟による介護等々「老老介護」である。「認認介護」なる言葉も出現した。これらの家庭内介護が引き起こす悲惨な事故、事件は未だに起き続けている。

〈報道から見る悲惨な介護実態〉

90代の両親と70歳の息子の三遺体が見つかった福井県の事件は壮絶だ。殺人容疑で逮捕されたのは殺された息子の71歳の妻である。村一番の嫁と家族が自慢し地元でも評判の嫁であったという。しかし義理の両親と夫の3人を介護する日々が大変なことは周囲にも漏らしていた。実態は食事や排泄、徘徊や転倒の見守りなど心身ともに限界状態であったという。老老介護であり高齢の嫁1人で3人を介護するという多重介護は過酷な状況だった。

このような「介護・看病疲れ」が動機の殺人事件は、２０１８（平成30）年で31件発生しており、毎年30～50件台で推移しているという。[2]

介護殺人だけではなく、介護者による虐待や心中事件など、介護をめぐる事件として報道されている。その都度、行政や地域の対応策や支援の在り方が問われるが、その後も同様の事件は続く。高齢社会の今日では、自身が高齢期に入り誰かの手を借りたくなる（支えが欲しくなる）など、日常生活における自身の生活も不自由になる。そのころに配偶者やその両親の介護に直面することになり、老々介護や多重介護などと新語が生まれ、社会はいつの間にか当たり前のようにその現象を受け入れている。

ほとんどが家族による介護に起因する事件である。家族で背負いきれない介護課題を社会的に担うことが介護保険制度の趣旨ではなかったか。制度発足から20年を経た今日でもこのような事件が起きている。

在宅高齢者が最期まで自分らしく生きていくための支援はどうあるべきなのか。貧困高齢者にとってのサービス利用料も、在宅高齢者の支援を阻む壁として見えてきた。さらに介護保険制度そのもののひずみ（諸問題）も露呈してきた。

介護は重度化し、介護者も高齢化し、介護の期間も長くなり、同時に何人もの介護を背負う。介護の「重・

高・長・多」はいつ解消、軽減されるのか[3]

国が言う「人間の尊厳」としてあるべき自立とはどういう状態をいうのだろう。

２　貧困高齢者の増加―少ない収入と高い支援費用―

⑴　高齢者に拡がる貧困

国連開発計画（ＵＮＤＰ）は、貧困について「教育、仕事、食料、保険、医療、飲料水、エネルギーなど最も基本的な物、サービスを手に入れられない状態のことである」と定義している。つまり、命を保つために、また健康的な生活の維持にとって必要な物や環境（収入、住居、食料、衛生など）が整っているかという視点で定められている。

今日、わが国の貧困は人間として最低限度の生活・生存を維持することが困難なほどの貧困状態ではなく、国の生活水準や文化水準と比較して困窮だと判断された状態であるとされる。つまり平均的な生活レベルより著しく低い場合と捉えられる。

加えて今日の貧困問題は所得格差が拡がっていることである。それが単身高齢者の貧困問題や子どもの貧困問題として現れ、その対策が迫られているのである。

厚生省が示している相対的貧困率の算出方法から等価可処分所得の中央値の半分に満たない世帯をいう。２０１５年では等価可処分所得の中央値は２４５万円であり、この半分である１２２万円未満（可処分所得）の世帯が相対的貧困層にあたる。相対的貧困層の割合は２００３（平成15）年は14・９％であったが２０１１（平成23）年は16・1％に増加、その後若干低下し15％以上の割合を推移している。

高齢者が在宅（介護）生活を選ぶにしても、施設利用を選ぶにしてもそこには費用の負担を抜きには考えられない。高齢者はこの費用負担に耐えられるのか。

具体的に高齢者の収入の実態を見てみよう。

① 高齢者の収入

高齢者の主な収入源は、公的年金、仕事による収入、私的な年金、預貯金の切り崩しなどである。中でも多くの高齢者世帯の経済的基盤を担っているのは公的年金である。

その年金の平均受給月額は、厚労省によると、平成29年度厚生年金は14万４９０３円、国民年金は５万５５１８円である。(4)


因みに、生活保護最低生活費のモデルケースでは、生活扶助基準額が高齢者単身世帯では東京都７万８４７０円、地方６万４４２０円、高齢者夫婦世帯では東京11万８８８０円、地方９万８６６０円となっている。この金額に住宅扶助や医療扶助など各家庭に必要な扶助がプラスされる。


高齢者世帯のすべての収入源を合わせた年間所得を見た場合、２００〜２５０万円未満が12・８％と最も多い。次いで１５０〜２００万円が12・１％、１００〜１５０万円が11・４％、５０〜１００万円が９・９％、50万円未満が１・８％である。高齢者世帯の半数近くが２５０万円以下の収入となっている（月収約21万円弱）。

（ここで言う高齢者世帯は65歳以上の人のみの世帯、またはこれに18歳未満の未婚の人がいる世帯）

年金が低額（あるいは無年金）の高齢者は最低生活費にも満たない収入であったり、生活費を補填するために僅かの貯蓄を切り崩したり、その貯蓄もなくぎりぎりの生活を余儀なくされている。

一方、1000万円以上の収入がある高齢者世帯は約2割であり、高齢者間でも格差は大きくなっている。[5]

高齢者の経済状況からは、「貧困層の拡がり」と「高齢者間の格差」の存在を見ることができる。

高齢者の貧困は生活保護受給者の推移にも表れている。65歳以上の生活保護受給者は年々増加の傾向にあり、2016（平成28）年には前年より3万人増加し100万人となった。受給者総数211万人の約半数が65歳以上の高齢者が占めているのである。また、65歳以上人口に占める生活保護受給者の割合は2・89％であり前年の2・86％を上回った。全人口に占める生活保護受給者の割合1・66％と比べても高く、高齢者生活の困窮状態は年々深刻さを増している。

さらに生活の逼迫度を示すのは年金・恩給が収入に占める割合の高さである。高齢者世帯のうち、公的年金・恩給だけが収入のすべてという世帯が5割を超え、年金・恩給が収入の8割以上を占めるという高齢者世帯を加えると、7割近くが年金収入が頼りの生活である。[1]

こうした高齢者の貧困が拡がる背景はいくつか考えられる。その第一は先述したように憲法が保障する健康で文化的な最低限度の生活にも届かないような年金の低さにある。

そして「近年、経済的に困窮する世帯の増加は1990年代以降の国内外の経済危機が影響している。1950～1960年代前半に生まれた世代は、危機の度に減給やリストラの対象となり、年金や貯蓄といった老後資金を十分に積み上げられなかった者が多い」（日本総研　星貴子）。

次に、低い年金を補填するための収入を得る（就労の）場や機会も少ないことである。また、単身世帯や高齢者世帯など少人数家族では大家族に比べて生活費が割高になることなども、高齢者の貧困の原因の一つとも考えられる。

高齢者の半数近くが年収250万円以下であることや、年金受給者の5割を超える高齢者が年金だけで生活していることを考えると、健康な状態にある高齢者であっても、苦しく困難な生活状況にあることは容易に理解できる。まして収入ぎりぎりの高齢者が要介護状態になった場合に必要になる介護経費を考えると、危機的状況に陥ることは明らかである。

こうした高齢者の貧困は、介護サービス利用の前に立ちはだかる厚くて高い壁である。長生きをした結果待っているのは、貧困という壁であり、生きるために必要な介護も受けられないという事実である。

介護や医療の費用が増大していく高齢者世帯において経済面での壁はクリアできるのだろうか。在宅での介護サービス利用にしても施設利用にしても、貧困高齢者の収入では厳しいものであることは間違いない。

所得格差は高齢期にはさらに広がり、人生の終盤には、豊かな老後を享受できるのは少数の人々であり、享受できない多数の人々との間には、明らかな差が広がっている。

生きるために必要な介護という最低の援助すら受けることができない高齢者は、この先進国と言われる日本で介護難民となって彷徨うことになるのか。

② 在宅介護サービスの値段

多くの高齢者が願う在宅生活で介護が必要になった場合に、介護サービスにはどれくらいの費用がかかるのか。

基本的にはケアプランに組まれた訪問介護やデイサービス、訪問リハビリなどの介護保険制度に基づくサービスを利用することになる。その費用はどれくらいになるのだろう。

公益財団法人生命保険文化センター「生命保険に関する全国実態調査平成27年度」が介護にかかった費用総額の一例を示している[6]。

介護費用例A（1割負担の場合）

住宅改修や介護用ベッドの購入など一時費用は77・2万円、月々の費用（自己負担分）は平均5・01万円（年間約60万円）、介護期間は平均55・7か月である。単純計算上では、在宅介護にかかる費用の総額は、平均で約356万円となる。

仮に10年以上介護が続いた場合は、約678万円以上となる。

介護にかかる費用は、介護保険サービスの1割負担（所得によっては2割、3割）のほかに、サービスによっては日常生活費として（おむつやガーゼ、嗜好品、理容美容代）、食費、滞在費などが必要となり、利用料に加えて必要な経費の負担も大きくなっている。加えて介護以外の生活費（食費・光熱費）、住居費（家賃）、交通費、交際費、諸雑費等が必要である。

高齢者が最期を迎えたい場所としてあげる自宅が占める割合の高さや、介護をしてほしい人としてあげる配偶者が占める割合の高さは、要介護になってもできる限り在宅で暮らしたいという願望の現れである。

しかし、在宅福祉サービスはその量や質の面において、そして利用料において人々のこのような思いに完璧に応えうるものになっているのか。

介護保険サービスを利用した在宅生活は、ケアプランに基づくサービスの組み合わせによって進められるが、そのサービス利用には上限額（限度額）が設けられている（表7-1）。

したがって、利用者の介護度が高くなると必要なサービスが増え利用限度額をオーバーし、超過分は自己負担

表 7-1　サービスの利用限度額（円）

区分	要支援 1	要支援 2	要介護 1	要介護 2	要介護 3	要介護 4	要介護 5
額	50,030	104,730	166,920	196,160	269,310	308,060	360,650

介護費用例 B（1 割負担の場合）

2015 年 12 月　要介護 3　75 歳女性　歩行器、車いす利用
夫 80 歳は要支援 2 で家事は不可

妻（1 割負担）				
デイサービス	週 3 回	月 13 回	4,378 円	
訪問介護（生活援助）	週 4 回	月 18 回	13,462 円	
訪問看護	週 1 回	月　5 回	4,640 円	
福祉用具貸与			2,550 円	1 ケ月利用料 25,030 円

出典：kaigo.benesse-style.care.co.jp/hikaru/kaigodo3

となる。介護費用の負担増は利用者、家族の所得を圧迫し、経済的な破綻を招くことになり、ひいては介護崩壊、家庭崩壊につながりかねない。

上限枠いっぱいを使ってもサービスの量は充分ではないが、低所得の高齢者にはその出費は大きい。まして、もっと回数を増やしたり他のサービスを自己負担するだけの余裕は到底ない。それよりも何かあれば、利用を控えてしまう高齢者も多いのが実態である。

次は、ある高齢夫婦世帯の介護費用の例である。

夫（要支援1）のデイサービスや訪問介護（生活援助）の利用料は月1万3575円であり二人合わせた利用料は月額3万8605円となり、年間では46万3260円となる。

さらに底辺にいる高齢者には、介護サービスは手の届かないことが見えてくる。

例Aの「生命保険に関する全国実態調査」が示す費用額については、あくまでサービス利用料の平均であり、要介護度やサービス内容やその組み合わせも不明なので一概には断定できないが、

低所得高齢者にとっては自身の自立を支えてくれる在宅サービスを十分に利用することが困難であるという明白な事実を突きつけられていると言える。

貧困に陥った高齢者にとって、心身に障害をきたし介護が必要な状態になった場合には、介護サービスはますます遠ざかっていくのではないか。

貧困は生きることにストップをかける。

(2)　高齢者の労働

「介護への不安、心配」は「収入面の不安」と重なる。もちろん経済面での心配がないからと言って介護問題が解決するわけではない。しかし、今日では援助サービス選択のためには、言い換えれば介護問題の解決のためにはお金は不可欠な要素、手段なのである。

そのお金を得るために高齢者は職を探す。

日本の高齢者の就業率は、主要国の中でも高い水準にある。韓国、日本、アメリカ、カナダ、イギリスの順である。フランスの8倍、イタリアの5倍、ドイツの3倍である。しかも日本の高齢者就業率は、2008（平成20）年からの10年間で大きく伸びている。[7]

2006（平成18）年の国の調査では、高齢者が働きたい理由としたのは、①「健康のため」②「生活のための収入を得たい」③「知識や技能を活かしたい」④「社会とつながっていたい」である。

理由は何にしろ、近年の就業率の高さや伸びは高齢者の就労意欲の現れである。

しかし、いま働くことの理由の第一が「生活のため」である高齢者は、近い将来に必要になるだろう介護費用を担えるだろうか。家計の補助として得ている収入は、高額の介護費用を払えるだけの余裕があるだろうか。高齢者の手もとに入る収入は働く意欲に必ずしも応えるものではないのである。

高齢者の就労は生活維持に役立つという側面では利点である。そして高齢者の社会的孤立を回避できるという利点、また今日では労働人口の増加などの利点として捉えられる。

しかし、高齢になって生活のために働くことは幸せなのか。働くことが喜びであり生きがいであるべきなのではないか。高齢期の生き方としての価値は、悠々自適とまでは言わなくても晴耕雨読の穏やかな老後生活だとする高齢者も多いはずである。高齢期こそ豊かな人生（生き方）を願って然るべきである。

昨今の高齢者が「働きたい」の本音は、生きていけないから、食べていけないから〝働かなければならない〟ということではないか。

ところが、高齢者の就労の門戸がよい条件で開かれているわけではない。その雇用形態の76・3％が非正規の職員・従業員である。内訳はパート・アルバイトが52・5％、契約社員9・6％、嘱託が7・0％、派遣社員2・8％、その他4・5％である。正規の職員・従業員は23・7％に過ぎない。

高齢者の就労先は、先の調査によると卸売業、小売業や農業、林業、製造業が多くなっている。因みに、高齢者向けの求人で多いのはマンション管理員、清掃・家事代行、警備員、販売等であった。

3　高齢者の居場所はどこに

高齢者に広がる貧困、高いサービス料、弱まる地域の力、制度が持つ課題など高齢者にとって不利な要件ばかりが増えている。高齢者が安心して暮らせる居場所はあるのか。

(1)　先細りする地域力

全国の多くの地域が高齢化や人口減少によって体力を落としている。地域住民による活動も住民の高齢化や人口減少によって先細りしていく傾向にある。しかし、国は互助に重点を置いた方針を示している。(後述)

地域がどこまで支え合い、助け合えるのか。

筆者が暮らすマンションは30戸の小さな規模であるが、今のところ高齢化率は40％強である。ひとり暮らしと夫婦世帯であるが現状では自立できている。しかし、近いうちに何らかの見守りの仕組みは必要かもしれない。今は気遣いあっているくらいのつながりである。これからマンション全体が高齢化すればどうなるのか。なんとなく気にはしあっているが具体的には緩やかな見守りシステム（つながり）すらできていないのが現状である。コミュニティの〝つながり〟と〝支えあい〟は重要であり、必要不可欠な要素であるが、その繋がりに体力以上の働きを求めることは避けなければならない。

ある自治体が地域福祉計画策定にあたって以下のように述べている。

「新たに活動する人の人材発掘が困難。同じ人の参加が目立ち同じ人に負担がかかっているのではないかと危惧している。若い世代の人々は自分が何がしかの福祉サービスを利用する局面にならないと福祉に関心が向かないのが現実であり、地域福祉活動参加への動機づけが厳しいと感じている」。[8]

今日では、こうした地域は多いのではないだろうか。

地域や住民の力は必要である。地域や住民（国民）が国や自治体など公任せであってはならない。しかし、その役割（責任）は公（行政）とは明らかに違うのである。住民や地域ができることには限界がある。

人は善意の活動はできるし、目の前で他者が困っていたり問題を抱えていれば（そういう場に遭遇すれば）手助けすることはよく知られたことである。

しかし、それが人々（住民）にとって負担になると継続できない。つまり、地域の助け合い支え合いの活動を継続的に動かしていくには大きな壁（課題）になる。つまり、分を超えた質や量の活動は持続不可能である。

おしつけや強制ではなく（つまり国が言うのではなく、国が音頭をとるのではなく）地域の発意に基づき地域の合意に基づくものであるべきだ。個人個人の負担になることは避けたいのだ。緩やかな見守りと、余力があれば支援の活動のネットワークができることが望ましい。社会福祉協議会はこうした地域住民のつながりや支援体制作りを進めてきた。今後も民間の立場から無理のない〝住民の主体的なつながりと支えあい〟を進めてほしい。

高齢者が多くを占める地域では、なおさら緩やかで穏やかな関係性が求められる。

大月敏雄は、老後の安心を確保するための資源を家族資源、地域資源、制度資源と位置付けている。老後の安心（老後の居場所）は家族資源と制度資源をつなぐ緩やかな地域資源を必要としている。

家族資源は同居、隣居、近居の家族であり、制度資源は特養、介護老人保健施設、シルバーハウジング、サービス付き高齢者向け住宅、グループホーム、有料老人ホームなどであり、地域資源は「ご近所による緩やかな見守り、有志による見守り、民生委員による見守り」などとしている。[9]

国や自治体の役割は、地域住民の地域福祉活動への参加を促進し持続可能な活動にするための環境整備を粛々と推進することではないか。

(2) 介護保険制度の危うさ

介護保険に点数をつけるとしたら65点と制度設計に関わった学者は言う。家族に負担の大きかった介護を社会化することが目的であった介護保険制度は20年が経った。

この間その仕組みは様々に変化をし、利用する高齢者や家族がその仕組みを十分に理解してサービスを利用することは難しくなったと言う。[10]

介護保険制度は多くの介護にかかる諸問題の解決、解消を目指したはずだが制度設計のミスか見通しの甘さか20年を経た今日では、介護保険制度が目指した介護の社会化、高齢期の自立、選択の権利などは当事者の一部にとっては「絵そらごと」になってしまっている。値上がりと利用制限の20年である。[10]

介護保険サービスを利用しようとしても上限枠を超えてしまい、超過分は自費で支払うことになる。費用負担が重すぎる。高齢者や家族が介護の不安から解放されるどころか、老後の居場所すら定まらない状況を生み出している。

介護保険の利用者負担割合は、制度開始以来の15年間は1割であったものが、２０１５（平成27）年8月から一定の所得がある65歳以上の高齢者の負担割合は2割に、２０１８（平成30）年8月からは現役並みの所得がある高齢者は3割負担へと段階的に引き上げられた。さらに、2021(令和3)年に行われる介護保険制度改正に向けて財政制度審議会(財務省)は「原則2割負担」に引き上げることを求めている。

結城康博は言う「制度の持続の観点から財政論も重要であるが、〝今、危機的な介護生活〟に目を向けることが優先されるべきである」。[11]

低い収入に見合わない高い利用料、充分ではない介護サービスの量と質など高齢者にとって自立を支えてくれるはずのサービスの利用を困難にする状況が拡がっている。

急速な高齢化に対して、対策が追いつかず、老後の居場所としての施設の数も在宅生活を支えるサービスも十分整っていないということだ。

もちろん、多額の一時金と利用料を払えば入居可能な施設(有料老人ホームなど)はあるが、これらに対応が可能な高齢者はほんの一握りである。

生き続ける術(すべ)がなく彷徨う介護難民という悲惨な高齢者が増え続けることになりかねない。そして介護制度そのものが財政難や深刻な人材不足によって機能しなくなり、制度の持続が困難な事態に陥る。ずるずるとこのまま介護崩壊につながりかねない危機感は高まるばかりである。

高齢者やその家族にとっての尊厳ある自立は夢に終わるのか。

高齢者が安心して安全な暮らしを送るための強力な手は打てないのか。

最も変革を迫られるべきは国の介護政策である。財政の見直しならびに強化、介護や福祉に関わる人材の資質向上強化と同時に処遇のレベルアップなど現状の改革、改善に向けて本気で取り組んでほしい。そこには確実な現状認識に基づく躊躇なき思い切った決断が求められる。

人材不足という課題に関していえば、福祉、介護人材の育成、社会的立場の向上、処遇の向上である。介護そのものの評価、介護業界の社会的地位を高める、介護職・福祉職の社会的評価を高める努力は、当事者である福祉・介護業界や介護・福祉職だけではなく国を挙げての取り組みとして考えることが求められる。

また、現場で働く職員たちをリスペクトする、大切にする基本的な見方（思想）を醸成することも大切である。

社会保障費や医療費を抑えるために、働く人の経費を削るようなことは許されない。

そのためには、現場もそれに応える実力、努力、工夫が強く求められることは言うまでもない。

国は「地域共生社会の実現」構想を打ち出し、高齢者だけでなく支援を必要とする人々を地域全体で支援する方向を示した。福祉や医療、保健など専門分野に地域住民の力も引き込んで総括的な支援（公助、共助、互助、自助）をしていこうというものである。世代や分野を超えての「つながり」を謳っている。平成20年度地域包括ケア研究会報告に「自助・互助・共助・公助の役割分担」という記述がある。地域包括ケアの提供にあたってはそれぞれの地域が持つ「自助・互助・共助・公助」の役割分担を踏まえた上で、自助を基本としながら、互助・共助・公助の順で取り組んでいくことが必要とある。そして、それぞれの意味を次のように示している。

自助：自ら働いて、または自らの年金収入等により、自らの生活を支え、自らの健康は自ら維持

互助：インフォーマルな相互扶助。例えば近隣の助け合いやボランティア等

共助：社会保険のような制度化された相互扶助

公助：自助・互助・共助では対応できない困窮等の状況に対し、所得や生活水準・家庭状況等の受給要件等を

定めた上で必要な生活保障を行う社会福祉等

筆者は「自ら働いて自らの生活を支える」ことは健康な人間として当然であるし、そのためには「健康を維持する」一人ひとりの努力は必要だと考える。しかし、自助でかなわない場合は互助・共助で対応することを求めていることに大きな違和感を覚える。互助も共助も支援や救済の手段であるし、近隣住民の助け合いや支え合いは大切で基本的なあるべき人間関係だと考えている。ただ、公助の前に互助・共助の順を殊更に示していることに、未だ恤救規則の思想が息づいているのかと驚く。国の義務を後回しにしているように思えてならない。国民の生存権、国の保障義務を謳った憲法25条は

「すべての国民は、健康で文化的な最低限度の生活を営む権利を有する。

国は、すべての生活部面ついて、社会福祉、社会保障及び公衆衛生の向上及び増進に努めなければならない」とある。であるならば、せめて「自助を基本としながら公助、互助、共助の順に」とするべきではないか。

日本初の救貧法「恤救規則」（1874～1931年）による救済は家族および親族ならびに近隣による扶養や相互扶助にて行うべきであるとし、どうしても放置できない「無告の窮民」（身寄りのない貧困者）だけはやむを得ずこの規則により国庫で救済して良いとされた。

介護難民が彷徨うことになりそうな日本。まさに緊急事態である。

「介護難民をつくらない！」「介護難民ゼロ！」「国民の命を護る！」

国には真剣に、誠実に、深刻にこの事態に立ち向かう強い姿勢や気構えと情熱が求められている。

参考文献

(1) 内閣府　令和元年版高齢社会白書

(2) 朝日新聞　２０１９．11．23

(3) 沖藤典子「介護保険は老いを守るか」２０１２．２．６　岩波書店

(4) 厚生労働省年金局　平成29年度　厚生年金保険・国民年金事業の概要

(5) 厚生労働省　平成29年度　国民生活基礎調査

(6) 畠中雅子他「入院・介護のお金」２０１８．４．25（株）技術評論社

(7) 内閣府　統計トピックス　ＮＯ．１２１「統計からみた我が国の高齢者」２０１９．９

(8) 全国社会福祉協議会「地域共生社会の実現に向けた地域福祉計画の策定・改訂ガイドブック」２０１９年３月

(9) 大月敏雄「町を住みこなす」２０１７．７．28　岩波書店

(10) 朝日新聞　２０２０．３．８

(11) 結城康博「介護保険―現場からの検証」２０１４．８．４　岩波書店

終章

高齢社会を直視し、高齢者を主役とする国家の構築を

塚口　伍喜夫

そもそもこの出版は、このままの高齢者施策で10年・20年を見据えると、日本には介護難民が巷に溢れ、棄老大国日本を世界に晒すことになる、という危機感が動機である。日本の高齢者は、今日までの経済成長を生み出し、大きな災害にも立ち向かい復興を成し遂げ、馬鹿な政治家の言行に振り回されることなく、日本の教育、文化、経済、福祉とあらゆる分野の発展を進めてきた。

この高齢者の先行きははなはだ不安定で真っ暗である。こんな状況を拱手傍観することはできない。高齢者を賞味期限が切れた食品のように遺棄しようとする文化とは何なのか。それでも、日本の高齢者は豊かであると公言する政治家が日本の政治を動かしているこの実態を直視しなければならない。政治家を家業としている二世・三世の政治家こそとっくに賞味期限は切れているのではないかと言いたい。

さて、筆者のボヤキはこの程度にして、本題に入っていきたい。本題の論点を次のように整理してみたい。

その一つは、高齢者の生活安定である。日本の社会保障制度は「張子の虎」である。中身がない。社会保障の

主役である社会保険や年金は、形は整っているが中身は空洞で、とても高齢者の生活を維持する水準とは言い難い。国民年金に至っては生活保護水準よりも下である。さりとて、生活保護を申請しても却下されるのが落ちである。高齢者の年金掛け金などの財務管理を旧社会保険庁の役職員に委ねていて大丈夫かという問題。年金管理ができなかった者が、装いを変えて登場し、知らぬ顔で同じように年金管理をしている。こんな構図で国民は満足するのか、絶対に満足しない。この問題をどうするか。これをどうするかが一つ。

その二つは、高齢者の最大の問題である、要介護状態になったときに適切な介護サービスが受けられるかという問題である。今、日本の介護現場は危機的状況である。この危機的状況を生起している問題は、介護に携わる人材の絶対的不足である。この人材不足をどう補うか。また、高齢者が要介護状態になる前に、できるだけ在宅自立ができるように地域医療の在り方、健康保持を継続するための地域保健の充実をどう図るかである。こうしたコアな施策にプラスして地域住民の相互支援の充実などがある。

その三つは、少子高齢化の進行をどう捉えるかの問題である。

以上の論点で、以下の終章を整理してみたい。

1　日本の社会保障問題とは

２０１９（令和元）年8月3日、金融庁は老後資金として２０００万円は必要であろう、と公表しようとした。報告書では、夫65歳以上、妻60歳以上の無職世帯の場合、公的年金を中心とする収入だけでは毎月5万円の赤字になるとし、今後30年の人生があるとすれば、単純計算で２０００万円が必要と試算したもの。

麻生財務大臣は、この問題は事前に協議したものではないので、この２０００万円不足問題を掲載した報告書は受け取れないと拒否し、お蔵入りにした。金融庁は、現在の年金額ではとても老後は乗り切れない、最低２０００万円は不足するということを試算したが、これは何を意味するか。実は、老後を乗り切るためには公的年金を当てにしてはなりませんよ、という金融庁の正直な告白であるといえよう。これを財務大臣がお蔵入りにさせたことは、日本の年金制度の破綻を公開することになり、「日本の老人は豊か」と虚言してきた財務大臣の化けの皮を剥がすことになるので、この公表を職権で止めさせた、というのが本音であろう。何とも姑息な財務大臣であることか。

(1)　年金制度を継続するには

年金制度をこのまま継続するのであれば、今の日本年金機構の役職員から旧社会保険庁の息のかかった者は全員退けなければ信頼できない。今の年金機構の職員は約2万１０００人程度と言われているが、一人当たり年俸７００万円として１４７０億円の人件費が掛かっている。これは年金の掛け金からの支出である。この年金の管理をＡＩに切り替えると約２００人の役職員で十分である。

そんなことが可能なのかと疑問を呈する向きも多いが、そんな人は孫泰蔵監修・小島健志著『つまらなくない未来』（ダイヤモンド社）を一読願いたい。バルト海に面する小国・エストニアは、次世代型の未来の政府システムを作っていて、現在でも、確定申告は数分で、会社の設立は30分、病院での待ち時間はゼロ分といった具合。

もう少しエストニアの行政サービスについて触れてみる。まずエストニアで有名なのがイーエストニア(e-Estonia)と呼ばれる政府の電子化に関する取組。エストニアは１９９１年に旧ソ連から独立したのち、行政システムの電子化を掲げた。その後、国民にデジタルIDカードを配布し、行政サービスをすべてオンラインで受けられるようにした。現在、公的サービスの99％が電子化され、24時間年中無休で利用できる。選挙の投票についてもオンラインで世界中のどこからでも簡単に行えるといった具合である。

日本政府のように世界の状況が大きく変化しているにもかかわらず、１５０年前の行政構造にしがみついている状況では世界に大きく引き離されることになる。それだけではなく、このままでは国民にとってまったく不幸なことである。

結論としては、日本の社会保障制度の根幹である年金制度を維持する方向を継続するためには、まず第一に、日本年金機構の抜本的な改革である。国民の年金掛け金を食い物にしてきた政府・行政の手から切り離した、政府・行政から食い物にされないシステムを作り再出発することである。

表終 -1　国民負担率及び保険料に対する社会保障還元率

国民負担（財務省 2014）		保険料に対する社会保障還元率（総務省 2014）	
日本	48.0%	日本	41.6%
アメリカ	34.7	アメリカ	53.2
イギリス	49.2	イギリス	59.0
ドイツ	52.0	ドイツ	58.6
フランス	62.4		
スウェーデン	66.2	スウェーデン	75.6

出典：総務省 2014

表終 - 1で見ると、日本は保険料の41・6%しか還元されておらず、58・4%は運営費やその他で消えている。保険料の半分も給付に還元されていない現実に国民は怒らないのか、大人しい国民である。

さて、ここで年金問題について付言しておきたいことがある。それは、日本の年金制度は**積立方式**なのか**賦課方式**なのかという問題である。日本の年金制度は積立方式で出発し、現在も積立方式が継続している。ところが、年金制度発足初期の段階は、国民の掛け金が入ってくるだけで、支出はゼロの期間が続いた。この掛け金を湯水のように使ったのが旧社会保険庁である。もちろん、旧社会保険庁のみの行為とは言えない。国の各省挙げてこの放漫管理に手を貸したといえよう。もともと国民がかけた掛け金がきちんと管理されることなく、年金給付が始まると、その掛け金が杜撰な管理でどこかに消えてしまっていた。そこで慌てて「今の高齢者が受け取る年金は、今の若いものが掛けている掛け金で補っている」と如何にも日本の年金制度が賦課方式であるかの如く装った。その構図が、何人の若者が何人の高齢者を肩車するか、というイラストである。調べる能力もないマスメディアは、積立方式を賦課方式に転嫁させた社会保険庁の詐欺行為にまんまと乗ってしまった。今でも厚労省は、賦課方式と言わない（言えない）で**修正積立方式**と公式には言っている。

（2）ベーシックインカム制度の導入

この制度は、**年齢や性別を問わずすべての国民に無条件で、ある一定の現金を一律で定期的に付与する制度である。この制度はすべての国民が衣食住において最低限の生活を営むことを保障する**ことが目的であるから、この制度の導入によって現行の社会保険給付（制度）はこの制度に置き換えられることになる。

この制度の試験的な導入はヨーロッパにおいて積極的に行われている。具体的には、オランダのユトレヒト、アメリカのカリフォルニア州オークランド、カナダのオンタリオ州など国家レベルというよりは地方レベルで試験的な導入がなされている。

仮に、日本でこの制度を導入しようとすれば最も問題になるのはその財源をどうするかだ。高齢の夫婦世帯に月に24万円を支給すると年間で173兆円必要となる。現在の社会保障給付費が117兆円であることと比較すると、とても無理なことになりそうだ。

筆者は、このベーシックインカム制度を導入しようとすれば、後期高齢者に適用すればよいと考える。しかも、この制度の管理運営はAIに委ねる方向で検討すれば十分に可能だと考える。すべての後期高齢者に生活保護水準の20％増しの現金を交付し、この給付額の範囲内で医療、介護のサービスも賄える後期高齢期保障制度を新設することで老後不安は大半解消できる。その財源も、国民の成人年齢（18歳）から前期高齢期の終わり（74歳）まで、一律の掛け金で賄う国民互助制度のような仕組みをイメージすればよい。

なぜ今この制度か、ということになるが、社会保険制度があまりにも細分化され、それぞれの制度に多くの無能な職員が配置され、掛け金の半分も給付に充てられないような仕組みを革新することが必要だからだ。しかも、現行の社会保険給付は申請主義で、申請のたびに小難しい条件を付けられ、給付を抑制することこそが制度維持だとするような職員に委ねることはもうこりごりである。日本でも、その各種社会保険・年金制度にハイエナのように群がる役人、それに類する職員をバッサリと削り落とし、根幹はＡＩで、その管理は少数のスタッフで行えば、後期高齢期にベーシックインカムを導入することは可能である。

先にも触れたように、社会システムはものすごい勢いでＩＴ化され、加えて、ＡＩの導入は革新的な事務処理能力を発揮している。ところが、政府は依然として旧体制の延長線上でしか物事を見ようとしていないし、それを改革する視点も、ひょっとして能力もないのではないかと疑いたくなる。

ここでもう一つ問題になるのが、高額な所得を有する高齢者にも一律に給付するのかといった問題である。高額所得高齢者は、有り余る富の一部を社会に寄付する方向を奨励してはどうかと考える。日本では、なかなか「寄付の文化」が根付かない。筆者は、長年に亘って共同募金会の業務に携わった経験がある。その経験から言うと、大企業の寄付が数千円から、せいぜい、数万円止まりである。企業が立地する地域に貢献する気構えはほとんど見られないと言っても過言ではない。

こうした気風を、比較的豊かな高齢者が地域福祉や地域文化のために寄付を行う風土を造り上げていくことが、新たな地域社会の造成にもつながるのではないかと考える。

（3）　後期高齢者の所得税免除制度を

日本の政府は、高齢者にパワハラをしているのではないかと勘繰りたくなる。高齢者の医療費が年々上がっていくので、保険給付の上に何割かの自己負担を課すことにはことのほか熱心である。政府の高齢者を見る視線は冷たいうえに「この金食い虫野郎が横にどいておれ」という残酷さが滲み出ているように見えるのは筆者だけだろうか。

では、反対に、若者に対しては温かい視線を送っているかと問いたい。全世代型の社会保障を構築すると、訳の分からないスローガンを掲げて、高齢者は論を待たず、若者にも苦行を強いている政治姿勢とは何なのか改めて考えてみたい。

子育て世帯には、果たして、「国の温かみ」を感じ取らせているのだろうか、否である。

２０２０（令和２）年に中国武漢で発生したとする新型コロナウイルスによる肺炎の世界的な広まりの中で、公立小中学校が長期間に亘って全休した。親たちはその間の養育をどうするかで右往左往である。ここで筆者が垣間見たのは、親子関係の希薄さ、親が子育てのほとんどの部分を社会的なサポートに頼っている姿であった。親は普段から落ち着いてジックリと子育てをする余裕がないのだな、という実感であった。

こうした問題の根源は何か、その一端に触れてみたい。

日本の労働者の就労形態を見ると、ほぼ40％の労働者が非正規労働者である（厚労省の就業形態調査結果２０１４より）。この非正規労働者の生涯所得は正規労働者の55・１％に留まる。時の政府は、この労働形態を長年に亘って放置してきた。この発端は、就職氷河期と言われた１９９０年代半ばから２０００年代前半に社会に出た若者の多くが非正規労働へ流れていったことを指す。この非正規労働者が近年の日本に貧困化をもたらした端緒といえよう。非正規労働者が2人合わさってやっと正規労働者1人分に届くといった状態であり、こうした状態を背景に女性の社会進出を促す政策を進めてきた。しかもこれら女性労働者の多くが非正規労働者である。

すべての母親を社会的労働に駆り立てて、そのために急ごしらえの保育園を「整備」し、「親は安心して働きなさい」でことは済むのか、こんな状態で親子関係が豊かなものにできるのか、こんな子育てで大丈夫なのかと頭をひねらざるを得ない。

本論に戻ると、後期高齢者には安心と安寧が実感できる状況を作り出すことが、高齢社会の本当の姿であってほしい。高齢者、とりわけ、後期高齢者から税や保険料をむしり取る政策は止めにしてもらって国が高齢者に富を還元する政策に切り替えてほしいものだ。

2　今後の介護問題をどう捉えるか

論点の二つ目は、これからの日本の高齢者に向けての介護問題の在り方である。

高齢社会に入ると、当然の問題として自立困難になった高齢者の介護サービスをどこでどのように提供するかが問題である。

（1）入所介護施設（特養）の拡充を図る

介護保険主要3施設についてみると、特養ホーム7551施設、利用者51万8273人。老人保健施設4189施設、利用人員36万8201人。介護療養型医療施設1432施設、利用人員6万2853人となっている（平成27年10月現在、厚労省推計）。

主要3施設のうち、最も期待されるのは特養である。以下、特養を中心に話を進めたい。その前に、老人保健施設とは医療施設に入所していて、在宅復帰を目指して自立訓練を行うことを目的とした施設で、多くは医療法人が経営している。本来在宅復帰を目指す施設であるが、利用者の多くは、医療施設（病院）と老健施設を行き来しているのが現状である。介護療養とは、病気や障害で自宅での生活が困難または在宅への復帰が難しい高齢者の日常生活を介護する施設である。いずれも介護保険給付の適用施設である。

特養は、要介護度3以上に認定された高齢者が入所する施設で、その数は前記の通りである。近年その数は急激に増えたが、現在は停滞ないしは減少しているところさえある。一方では、特養に入所したい高齢者（入所待機者）は増えている（厚労省2016年発表では特養への待機者数は36万6000人）、のに、それにまったく応えられない状況である。なぜ、需給関係がチグハグになっているのか探ってみたい。

その一つは、介護報酬の引き締めによる経営難の問題である。全国老人福祉施設協議会の調査によると全国の特養のほぼ30％が赤字経営に陥っているという報告がある。かつて、キャノングローバル研究所のある研究員が、特養は平均1施設3億円の剰余金をためているとレポートしたことがあった。これは厚労省が介護報酬を抑制するために流させたフェイクレポートではないかと勘繰ったものである。厚労省は早速このレポートを悪用して特養の介護報酬を引き下げた。仮に、この3億円の剰余金を備蓄しているとしても、それは施設のメンテナンス料、改築料、さらには耐久年数を迎えた施設の建て替え費用などに消えてしまう剰余金である。にもかかわらず厚労省は、その剰余金なるものを吐き出させるため、特養経営の社会福祉法人に「地域貢献事業」なるものを造り、そこにこの剰余金を充てよという企みを提示してきた。

かつて、江戸幕府の農政は「農は納なり」「生きぬように、死なぬように」「財の余らぬように、不足なきように」、さらに、「ゴマの油と百姓は絞れば絞るほど出るものなり」「郷村の百姓どもは死なぬように生きぬようにと合点いたせ」とした農政を行ったと言われている。

この江戸幕府の農政と現在の厚労省のやり方はどこか似ていると思う。というより役所とは本来そうしたものなのかと合点する。

独立行政法人福祉医療機構は２０１９（令和元）年12月「２０１８年度特養の経営状況について」公表した。その結果、赤字施設割合は30・8％であり、従来型特養では33・8％、ユニット型39・5％となっており、規模の小さい特養ほど経営難に陥っているとしている。

さらに、(株)東京商工リサーチは２０２０（令和２）年1月7日、介護事業者１１１件が倒産したと報じている。

ここに見える厚労省の魂胆は、鳴り物入りで創設した介護保険制度を如何に継続的に維持するかに軸足を置いており、日本の介護事業者を健全に育成することや、日本の高齢者に質の高い安心できる介護サービスをいかに提供するかには軸足を置いていないのではないかと思う。

その二つは、人手不足の深刻さである。社会福祉法人経営者が新たに特養を造っても、介護を支える人材が集まらないため、ワンフロアは空いたままといった状況が生まれている。経産省は、２０３５年には79万人もの介護人材が不足すると試算している。現在でも66％の介護施設が人材不足に陥っており、公益財団法人介護労働安定センターの発表によると、「採用が困難」とした施設が88・5％であり、その理由として「同業者との人材獲得競争が厳しい」56・9％、「他産業と比べて労働条件が良くない」55・9％と厳しい現実がうかがえる。人材が集まらない最大の理由は、低賃金であること。訪問介護員の月間平均給与は19万８４８６円、介護職員の平均給与は21万１４６４円と、全産業の平均30万４３００円と比較しても10万円近い差がある。

こうした厳しい現状に対して、政府は勤続10年以上の介護福祉士に月額平均８万円相当の処遇改善を行うと閣議決定したと発表した。しかし、厚労省も理解しているのか理解できていないのか分からないが、特養でのケアサービスは、介護福祉士、看護師、栄養士、調理師、事務職員などがチームワークを組んでケアサービスが成り立っている。そのうち、主役とはいえ、介護福祉士だけにベースアップを行って、それ以外の職種はゼロ対応では、困るのは経営者である。待遇のバランスをとるためには介護福祉士以外の職種にも相当の手当てが必要になり、この必要部分の負担は社会福祉法人の自己負担である。

厚労省の、一見、外面をよく見せて法人経営者を困惑させる手法は、そろそろなくしてほしいものだ。国会の社労委員会でもこの「いじめの構図」が分からないのか、委員の頭のほどを疑う。

この人手不足を克服する方法の一つとして、外国からの人材を呼び込む手段を講じている。筆者が役員を務める社会福祉法人もそうである。

(2) 外国からの人材の導入を

筆者が役員を務める社会福祉法人の例を中心に話を進める。具体的には、第4章で笹山周作氏が苦労のほどを述べている。

ＥＰＡを通して最初はベトナムから技能実習生を受け入れた。受け入れた技能実習生は皆優秀で介護福祉士の資格を取得するために必死になって勉強している。真剣さの面から評価すると日本人介護士より数倍頑張っているように思える。

さて、この受け入れに関して、ベトナムから来日した彼らは想定１００万円以上の借金を背負って来日している。その原因は、送り出し国であるベトナムの関係機関に必要経費として納めなければならない経費が１００万円程度である。おそらくこの経費は親の負担となっていて、この借金を返すことができる対応を受け入れた社会福祉法人はせねばならないと思う。そうでないと、来日した技能実習生は日本で安心して勉学し、働くことができないだろう。日本は、ＥＰＡで受け入れる際に、相手国の送り出し機関に、送り出し経費の軽減を図る交渉を合わせて強く進めることが必要かと思う。

もう一つの問題は、ＥＰＡを通して受け入れる場合、その受け入れと監理を行うには社会福祉法人では許可が出せないと出入国管理庁から指導され、やむなく協同組合を設立し組合員を募り新たな体制を整え出発した。

ところが、２０１９（平成31）年の年頭に、兵庫県知事がＥＰＡからの受け入れを表明し、その受け入れ団体を社会福祉法人に委ねるとした。そうすると、社会福祉法人が受け入れと監理を兼ねる団体として認可されたではないか。この一貫性のなさ、否、権力者には融通を聞かせ、権力のない社会福祉法人には居丈高《いたけだか》に対応する関係庁である。こうした業務は役人ＯＢや似非《えせ》役人に任せるのではなく、ＡＩに委ねていくような合理化を図るのがよいのではないかと思う。

介護現場が必死になって人材確保のために頑張っている状況を、よりスムーズに進むようにサポートするのが関係省庁の役目かと考えるが、逆に足を引っ張るような対応はしないでほしいと声高に言いたい。

政府は、外国人材の受け入れをいっそう促すため２０１９（平成31）年４月に創設した外国人就労を広げる新たな在留資格「特定技能」での受け入れを最大４万人程度に想定していたが、11月末時点で１０１９人と40分の１程度に留まっている。政府の本気度を疑いたい。こんな歩みをしていては、人材不足に拍車をかけるだけでなく、介護現場で見てもお先真っ暗である。

（３）介護現場の労働軽減を

高齢者が要介護状態になったとき、国や地方自治体がどんな支援を行うのか、また、その支援を要介護状態になった高齢者はどのように受けとめているか、本当に満足を与えているのかどうか、その介護水準はその国の文化水準に比例する。その介護現場が、地域・施設を問わず危機的な状態にあることはすでに触れてきた。

そこでいくつかの提案を特養を中心に提起してみたい。

その一つは、特養での介護支援を重層的に組み立ててみたらどうか。まず、介護サービスの中心は言うまでもなく介護職員であるが、この介護職員が足りないことを出発点にして、足りない部分に家族・縁者の支援を求める。家族・縁者による食事介助、排せつ介助、居室の掃除、洗濯とその整理、外国人介護士への手伝いなど、それぞれの特養で素人でもできる仕事はいくらでも見つけられる。そして意欲のある人には徐々に専門的領域に踏み込んでいけるような導きを行う。報酬はパートタイマー並みの時給を支払う。また、元気な高齢者を雇用し介護職員の補助的な仕事からスタートしてもらう方法も考えられる。

さて、ここで問題になるのは、国が示す介護現場のマニュアルである。このマニュアルから外れた業務は一切認めない、とクレームがつくことは明々白々である。

監督官庁がこだわる基準やマニュアルは、その一方で状況の変化に対応した柔軟性に欠けることが欠点でもある。今、介護現場は緊急事態宣言を出さねばならないような切迫した状況に置かれている。この状況下では硬直した思考では対応できないことを認め、介護サービスの質を担保することができれば、筆者が提言したような対応策を採用することが大切なのではないか。

その二つは、ＩＴやＡＩの積極的な活用である。ここでは、とりわけＡＩの活用について言及してみたい。

ＡＩ活用で重要なことは、介護サービスをＡＩが担うのではなく、ある部分のタスク（仕事、作業、職務といった意味）を担わせる。例えば、ＡＩロボットによる受付業務、初期応接、清掃業務、夜間の巡回、利用者の異変の検知、トイレへの付き添い、食堂への誘導、利用者との会話、介護記録の入力、等々活用分野はいくらでも開拓できると考える。ただ、介護の仕事は人と人とが接する仕事であり、これらは、人間の尊厳、人権の擁護、各人の価値観などと密接に結びついているので、こうしたことを念頭に任せるタスクを設定する必要がある。

『ＡＩ社会の歩き方』（化学同人刊行／２０１９）の著者江間有沙氏は、次のような問いを投げかけている。

そもそもなぜロボットが介護を行うのか、という問いも重要です。介護といってもその内容は様々です。介護ロボットには「介護支援型（移乗、入浴、排せつなど）」、「自立支援型（歩行支援、リハビリ、食事、読書など）」、「コミュニケーション・セキュリティ型（癒し、見守りなど）」いくつか種類があります。何をロボットに任せ何を人間の仕事として残すかの問題提起をされているのです。

いずれにしても、介護現場の人材不足は深刻な事態にあるが、これを緩和あるいは解消する試みを可能な限り追及するときにきている。その割に、介護サービスを担う事業所や、その事業所を経営する社会福祉法人に斬新的な動きがないのはどうしたことか。

そのもっとも大きな理由は、先にも触れたように、監督官庁の硬直した対応である。この態度の一刻も早い変容が望まれる。

一例を話すと、筆者が役員を務める社会福祉法人の本部は兵庫県の姫路市にある。その経営する特養での利用者の事故の一つにベッドからの転落、ずり落ちなどがある。そのため、各居室にセンサー付きカメラを設置しようとしたところ、姫路市からはノーの返事。同じことを神戸市で試みようとしたところ、神戸市はイエスであった。どれが利用者の人権や安全を守る試みかは一概に判断しかねるが、柔軟性はどちらにあるかである。

それともう一つの問題提起をしておきたい。社会福祉現場にＩＴやＡＩを持ち込もうとすると最初の障害になるのは監督官庁である。厚労省が提示する介護マニュアルには、クライエントへの直接の介護支援にはＩＴやＡＩの活用は論外となっている。介護支援は「人間が当たるべき」であり、ＩＴやＡＩが主役的に登場することには強い拒否反応が示されることは明らかである。この論理が間違いだとは言えないが、介護現場が極端な人材不足で機能不全に陥っている現状を放置はできない。この人材不足をカバーするためには、ありとあらゆる可能性を追求する時だと考える。すでに医療現場では、難度の高い手術などにＡＩやロボットが活躍している現状なども踏まえて将来を見据えるべきではないか。

（以下の文は、先の『ＡＩ社会の歩き方』より引用）

ノースカロライナ大学のゼイナップ・トゥフェックチー氏はブログで介護士不足の解決策としてロボットを導入することを批判している。介護専門家の不足など本当はなく、不足しているのは介護や教育といった仕事に資源を配分しようという社会の意思、だとしています。（中略）問題なのは社会が介護に金を払おうとせず、彼らの仕事を尊重していない、ことだとしている。

こうした意見も踏まえて、その根本の理念を尊重しつつ、この問題は進める必要があろう。

3　少子化は止まらない

日本社会の今後を占う常用語は「少子高齢社会」である。高齢化は今後いっそう進行するであろうが、少子化を食い止めることはできないのではないかと推理する。なぜか、それは分からないが、将来、合計特殊出生率1・42が向上すると推測する研究者はほとんどいない。希望的観測としてはその上昇を説く研究者がいるだけである。日本は、高齢化率が28・4％になり超高齢社会に突入した。この傾向は今後も続き、三浦展の予測によると2030年には31・6％、2060年には39・9％となることが推測されている。そして将来は「夫婦と子供からなる世帯」よりも単身世帯が増えると予測され、先の三浦展によると、2010（平成22）年の段階で夫婦と子供からなる世帯（1447万世帯）よりも単身世帯（1678万世帯）が上回り、しかも、この単身世帯は高齢者世帯が多く、この傾向は今後も続いていくと予測している。

政府は少子化の進行を食い止めようなどという無謀な試みは捨てたほうがよい。なるほど、三浦展が指摘するように少子化はますます進行し、高齢化もここ当分は進行する。これが、日本の人口の動向で見る大きな流れであり、これを食い止める方途は多様な意見や提案があるにしても、結局は見つからない。

政府は、人口政策をどうするかではなく、この人口減少・超高齢社会を前提に日本の将来構想を示すべきところにきていると思える。

要するに、国民の多くはこの国で生まれ、学び、働き、老いていく、自らの人生の道程のどこに良さを期待しているのだろうか、筆者にも分からない。

ウィリアム・シェイクスピアの戯曲にある「終わり良ければ総て良し」は一つの格言として、超高齢社会に突入している日本の在り方を見る一つの指標ではなかろうか、と考える。

それは、日本国民が第三の人生に入ったときから悠々自適できる社会的環境を準備し、今までの高齢者の苦労に報いる国家になってこそ、国民は苦労をいとわず会社のため、社会のため、わが家族のために頑張れるのではなかろうか。

参考文献

鈴木りえこ著『超少子化―危機に立つ日本社会』／２０００．７／集英社
山井和則著『体験ルポ：世界の高齢者福祉』・１９９１．９／岩波書店
塚口伍喜夫・西尾祐吾監修『歴史との対話　現代福祉の源流を探る』／２０１８．１／大学教育出版
孫泰蔵監修・小島健志著『つまらなくない未来』／２０１８．12／ダイヤモンド社
三浦展著『データでわかる２０３０年の日本』／２０１３．５／洋泉社
大澤真幸著『社会学史』／２０１９．３／講談社現代新書

執筆者紹介（紹介者：塚口伍喜夫）

塚口伍喜夫（つかぐち　いきお）

兵庫県社会福祉協議会事務局長・参与・理事、兵庫県共同募金会副会長、九州保健福祉大学教授・大学院教授、流通科学大学教授を経て、ＮＰＯ法人福祉サービス経営調査会顧問、兵庫県社会福祉法人経営者協議会顧問

（主な著書）

『地域福祉の明日を拓く』（兵庫県社会福祉協議会）

『地域福祉論』（全国社会福祉協議会・中央福祉学院）

『社会福祉の動向と課題』（中央法規出版）

『地域福祉論説』（みらい）

『ソーシャルワーク実践への道』（角川書店）他

笹山　周作（ささやま・しゅうさく）

社会福祉法人ささゆり会副理事長・法人本部長、ＮＰＯ法人福祉サービス経営調査会理事長

司法書士、介護支援専門員、社会福祉施設長資格認定

（主な著書）

『社会福祉法人の今日的使命』（リベルタス・クレオ）

『福祉サービスの提供を『社会福祉法人』と『株式会社』の二本立てで行っている狙いは何か』ＮＰＯ法人福祉サービス経営調査会　他

明路　咲子（めいじ・さきこ）

元兵庫県社会福祉協議会・社会福祉情報センター所長、元流通科学大学教授

ＮＰＯ法人福祉サービス経営調査会理事

（主な著書）

『新版・地域福祉論』（相川書房）

『ソーシャルワーク演習ハンドブック』（みらい）

『現代コミュニティワーク論』（中央法規出版）

『地域福祉概説』（明石書店）他

野嶋　納美（のじま・なつみ）

兵庫県民生部障害福祉課長・北但福祉事務所長、社会福祉法人のじぎく福祉会本部事務局長、ＮＰＯ法人福祉サービス経営調査会副理事長

（主な著書）

『社会福祉法人の今日的使命』（リベルタス・クレオ）

執筆者については、そのプロフィールで表の顔をざっと紹介した。それだけでは、真の姿はなかなか捉えにくい。そこで、執筆者を代表してエピソードや私なりの評価（失礼かな）や私見を交えながら紹介することを許していただいた。寛容な心に感謝する。

笹山　周作氏

彼は27年前に実業界から社会福祉業界に参入してきた、いわば新人である。日本は、今急激な高齢社会を迎えるが、その社会に対応する仕事に関わりたいと思い、社会福祉法人を立ち上げた（１９９５（平成７）年12月社会福祉法人認可）。その法人は高

齢者介護に事業を絞り、特別養護老人ホーム、ケアハウス、デイサービスセンター、小規模多機能型老人ホームなど、今日では十数事業所を経営している。その一方で、営利組織による有料老人ホームなども経営し、営利、非営利の両面から介護事業を推進している二刀流経営者である。

メセナにも関心を寄せ、実業界から引退した年に地元の新宮町に図書館を丸ごと寄付した。2020（令和2）年その図書館の老朽部分のメンテナンスのため奥さんと共同で5000万円を寄付した。こんな一面はほとんど知られていない。

人柄は非常にせっかちで頑固、職員には大声で叱咤する。これはパワハラになるのでは、と心配するが、必ずフォローしているので職員は許しているのかなと思う。

寝ても覚めても頭にあることは、サービス利用者に質の高い支援を行うにはどこに力を入れなければならないか、そのため、職員が安心して仕事に打ち込む環境を作り出すための給与設定、重層的な福利厚生の創設、職員がより上を目指して勉強ができる奨学金制度の設定などを次々に打ち出す。職員集団にはQCサークルを作らせ各地のコンクールに出場させて、必ず賞を取っている。法人が中心となりケアコンテスト、料理コンテストなどを開催し、職員の働くモチベーションを高める試みを実施している。また、海外からの実習生が介護福祉士の資格を取るための「笹山塾」（筆者が名付けた）をボランティアで毎週開き、厳しい学習指導を行っている。そのため日本語と外国語の説明を対比させたオリジナルな教科書を作成し活用している。これを手伝わされる職員も大変だと思うが文句は出ない。

海外からの実習生の呼び込みも率先して行い逐次成果を上げてきている。何しろ身軽に動き回る能力、走りながら学習を欠かすことがない頑張りには舌を巻く。

彼は小室豊允（元姫路獨協大学長）ゼミの常連であった。小室先生が知事選で敗北し、多くの福祉関係者、県庁役員などが小室先生の周囲から蜘蛛の子を散らすように離れていったが、笹山さんは小室ゼミへの出席を欠かすことはなかった。

酒はからっきしダメ、ゴルフもしない、遊ぶこともない。面白みがない人物ように見えるが、結構ユーモアもあり話好きで、ニコッと笑う笑顔は人をひきつけてやまない。

明路　咲子氏

彼女は、元兵庫県社会福祉協議会（以下「県社協」という）の職員で社会福祉情報センター所長の職を最後に退職した。社協在任中は、主として情報収集・発信、資料整理などの業務に当たった。彼女を紹介する筆者とは同じ部局で働いたことはないが、特に彼女について紹介したいことは１９９５（平成７）年1月に起こった阪神・淡路大震災後の活躍である。この震災で彼女の自宅、芦屋浜に立っていたマンションが大きな被害を受け海側に30度くらい傾き、そこに住めなくなった。急遽、神戸市の北区に引っ越し、そこから兵庫県社協に通った。震災後の兵庫県社協は様々な復興・復旧情報を間断なく発行し、大阪府社協や近畿府県の社協の支援、県内社協の支援活動、全国から駆け付けたボランティアの方たちの支援活動などをつぶさに発信する責任を担った。そうした活動の状況を「大震災と社協」（１９９６年2月／神戸新聞総合出版センター刊）にまとめる中心となった。

兵庫県社協退職後は流通科学大学の教員として地域福祉論や社会福祉援助技術論を教授する仕事に就いた。筆者も遅れて同じ大学に就任することになり、ともに教壇に立つことになった。この大学就任中、秋田県鷹巣町（現北秋田市）の福祉の興隆と衰退の原因を共に研究した。その研究集団の中に井岡勉（元同志社大教授）、大友信勝（元竜谷大教授）、岡部和夫（元名寄市立大教授）などがいた。この研究成果は流通大学研究紀要にまとめた。

彼女は筆者と共に研究し、まとめた出版本は数冊に上る。

彼女は大人しく見えるが芯は強いものがある。研究内容などでもなかなか妥協しない強さがある。これが彼女の良さであり、他の研究者からも強い信頼が寄せられる基になっている。

野嶋　納美氏

彼は、元兵庫県民生部の幹部職員である。その職にある彼と筆者が知り合ったのは、彼が民生部の予算係長の時ではないかと思う。ある事業委託費のことで彼を怒らせたことがあった。「お金を出す側がお金をもらう側から、あれこれ文句を言われて引き合わん」といったやり取りがあったことはうろ覚えに頭にある。

筆者が流通科学大学にいたある日、彼が訪ねてきて、今自分がいる社会福祉法人が危ない状態にあり援けてほしい、という依頼であった。その法人の創設者であり理事長が土地取引などの問題がこじれて、ある右翼団体から法人が乗っ取られようとしていた。筆者を理事に迎えるので理事長を一時排除する理事会を取り仕切ってほしい、というものであった。これは成功し、それ以来、ＮＰＯ法人を立ち上げる際は一緒に働き、彼はＮＰＯ法人の副理事長として介護福祉士資格取得のための実務者研修を差配している。筆者にとってみると真に同志である。

彼は、こんな役人がいるのか、と思わせる一徹さを持っている。不正とは妥協なく闘う、掲げた目標には俄然と挑む、そして時には柔軟な対応も見せる。筆者をはじめ取り巻きが信頼を寄せる引力を備えている。こんな役人は、決して叙勲の対象にはならない。筆者から見ると、県の役人で叙勲を受けた半数は、「なんでこんな人が」と疑いたくなるような人物である。現職の時は言うに及ばず、役人退任後も現職知事の選挙戦には奮闘する、奮闘しているふりをしている場合が多いと観るが、こんな役人で退任時、部長職以上の役職にあるものが叙勲の対象である。野嶋納美は無冠の帝王であり続けるだろう。こんな人物が社会を動かしていると称賛したい。

塚口伍喜夫（明路さんから紹介）

昭和33年に兵庫県社協に入局、40年在籍した。１９８５（昭和60）年から１９９８（平成10）年まで事務局長を務め、その後も県社協理事、兵庫県共同募金会副会長、社会福祉法人理事長など数々の役職をこなしてきた。県社協退職後は九州保健福祉大学、流通科学大学で教鞭を執り学生の人気を博した。

「全国に兵庫県社協あり」と言わせた県社協の基盤を塚口さんが築き、組織の強化を主導したことは間違いない。自身の信念にぶれることなく、その手法は少々強引であっても貫いた。社協での業績をあげればきりがないが、いくつか取り上げてみる。

まず、社協基本大綱や社協基本要項など理論的な立ち位置を明確に示し、実践のすり合わせを進めたことである。社協活動は住民が主体となって進めるのだという「住民主体の原則」を県社協職員にも地域社協にも定着させた。

また、入局から5年後、職員の身分保障や社協の理論武装などを目指して労働組合を結成した。役員等からの批判を受けながらも他の職域にも拡大する活動を進めた。職員の身分保障だけではなく「社協基本要項」の理念を労組の重要な学習課題としたことも当時の社協職員としての意気込みがうかがえる。

社協の仕事で一番苦労されたのは、事務局長時代の阪神・淡路大震災への対応ではないかと思う。あの未曽有の被害のなかで事務局を救援体制にシフトし、大阪府社協や全社協と共同の救援戦略を進めた。迅速な決断と対応が求められる中、救援から復興への道筋をつけていった手腕はさすがである。

その他、事務局長時代には、韓国との交流の船（洋上セミナーと国際交流）の企画実施や社会福祉政治連盟の結成など、一見、社協活動とはそれるかに思われる事業、活動をも手掛けた。県社協運営責任（財政、主体性の維持など）という信念からである。県社協退職後の大学での活動も塚口さんらしい。組織力と統率の力を発揮された。

塚口さんの周りには人が集まる。頑固だけれど柔軟、気さくで快活、ポジティブな人柄が多くの人を引き付けるのだろう。根っからのオーガナイザーである。開拓精神、反骨精神、実行力、行動力、人脈の広さ（行政も含めた幅広い交流）がそうさせているのか。

さらに特筆するべきはすこぶる面倒見が良いことである。公私において繋がりのできた人には、誰にも分け隔てない態度、姿勢でお世話をする。その面倒見の良さにはただ感心し、頭が下がる。

そして、人間や社会事象などに興味関心が尽きることはない。探求心、研究心、学ぶ心（努力）を惜しまない。80歳を超えた現在もその勢いは続く。

場合によっては批判や攻撃をものともしない強い意志をもって行動する。困難や障害が大きいほど立ち向かう人なのかもしれない。趣味はあまり存じ上げないが、車の運転はそのひとつと思われる。まだ長距離を楽しまれているようなので、もうそろそろ自重されてご家族を安心させてあげてほしいと失礼ながら進言したい。

犬や猫など動物に寄せる愛情も豊かである。紛れ込んだ犬、猫を見捨てることができない。わんチャン、ねこチャンにそそぐ目も優しい。

明路咲子

日本を棄老国家にするな
― 社会福祉法人経営視点からの提言 ―

2020 年 8 月 30 日　初版第 1 刷発行

■出版企画 ――― NPO 法人福祉サービス経営調査会
■著　　者 ――― 塚口伍喜夫・笹山周作・明路咲子・野嶋納美
■発 行 者 ――― 佐藤　守
■発 行 所 ――― 株式会社 大学教育出版
〒 700-0953　岡山市南区西市 855-4
電話（086）244-1268　FAX（086）246-0294
■印刷製本 ――― モリモト印刷 ㈱

ISBN978 - 4 - 86692 - 094 - 8